図解
サバイバル
SURVIVAL SKILLS BOOK
読本

contents

●本書は『Fielder』に掲載された「図解サバイバル読本」に加筆・修正し、纏めた合本です。

はじめに

働くとは何か？　多くの現代人はまず〝お金を稼ぐこと〟と頭に思い浮かべるだろう。ではそのお金を何に使うか？　多くの現代人は否応なく、住居や食料、その他生活用品に充てなくてはならないはずだ。貨幣という媒介が入ることで答えが見えづらくなっているものの、詰まるところ我々は、今なお食って寝るために働いている。

　その点で、本書が取り扱うサバイバルスキルは、最も直接的な仕事と言える。現代人が生まれながらに結んでいる国家との社会契約を取っ払ってしまえば（貨幣による納税の義務云々）、これらを本来の仕事として生きていくこともできる。自然界で食料を見つけ、火を熾して調理し、暖を取り、獣を遠ざけて、暖かな木枝の寝床で寝る。一般的にこれらの行動は「ブッシュクラフト」や「本格キャンプ」といった趣味の一環として捉えられているが、むしろ動物としてはこちらが真の生業。単なる遊びでは片付けられない実用性を秘めているから、現代社会にあっても覚えておくべき技術なのである（インフラが破壊され、他の動物たちと同じ状況に置かれてしまう災害時にも役立つ）。

Part.01

火熾し

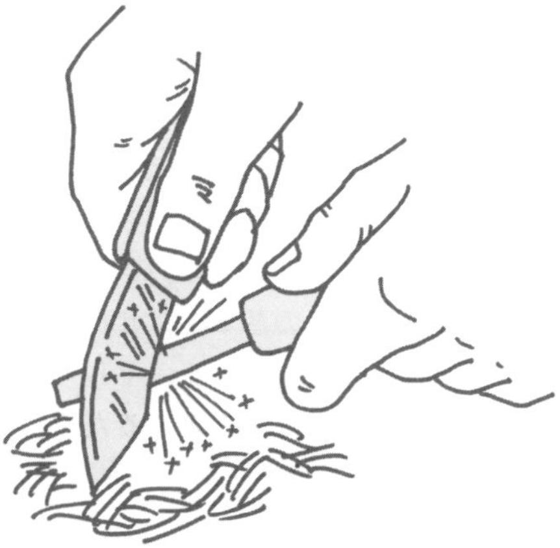

生き抜くための火熾し

火――。

それはヒトが生きるために欠かせないものの一つだ。

今でこそスイッチひとつで自在に火が手に入るが、もし野生環境で生き抜く必要に迫られたら、火を手に入れられるかどうか、すなわち火熾しの成否が生死を分ける。

しかし、火熾しは簡単ではない。火熾しとは、マッチなどで作った小さな火種を徐々に大きな焚火に育てる、忍耐のいる作業なのだ。

ここでは、火熾しの基本と、サバイバルの火熾しに欠かせないメタルマッチ、そしてメタルマッチで作った火種を焚火まで育てるために必要な火口を中心に解説しよう。

火とは何か?

「燃焼」とは、物質が急激に酸化することを指す。火が明るく、暖かいのは、この激しい酸化によって生まれたエネルギーが熱や光として放出されるからだ。

特に、ここで扱うような焚火など、炭素を含む有機物の燃焼では、C(炭素)+O^2(酸素)=CO^2(二酸化炭素)という化学反応が起こっている。炭素が急速に酸化することで燃焼しているのだ。

$$C+O^2=CO^2$$

火熾しとは何か？

「火を熾す」とは、小さな火種を、大きな焚火まで育てる作業に他ならない。まずは基本的な流れと、主な火熾しの手法を確認したい。

火種を焚火にするまで

小さな火種を、火口、焚き付けを経て焚火まで育て上げる。それこそが火熾しだ。

1

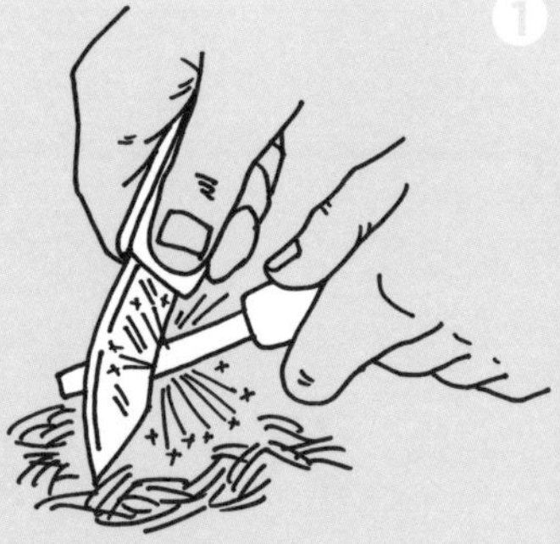

火種

各種マッチやハンドドリルなどを使い、小さな火花を作り出す。これが焚火の「種」である火種だ。

2

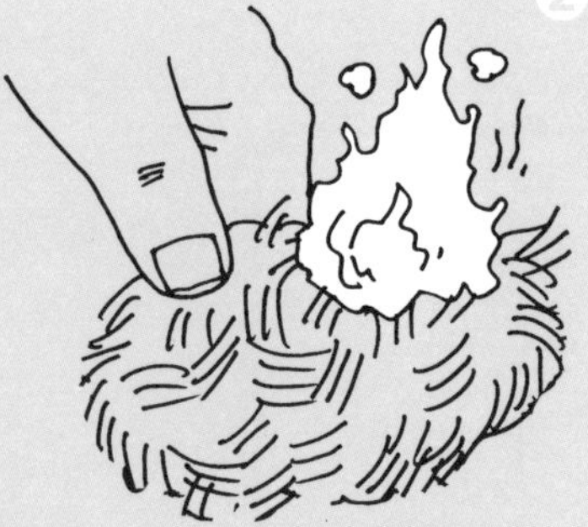

火口

火種を、燃えやすい「火口」が受け止めることで火が生まれる。火口には木の削り屑や枯葉、糸屑などが適している。

3

焚き付け

火口に移った火を焚き付けに移し、さらに大きくする。焚き付けは細い枝や木っ端などがよい。

4

焚火

焚き付けの火を、太い薪に移していく。薪が力強く燃え始めれば焚火の完成だ。

火種を焚火まで育て上げる

火熾しとは、小さな火種を大きな焚火まで育てる行為を指す。

まずは、マッチやハンドドリルで小さな火種を得る。摩擦熱を利用することが多い。

だが、火種はあっという間に消えてしまう。だから、火種が消える前に火を別のものに移さなければいけない。いきなり太い薪に火をつけることは難しいから、最初はおが屑などの燃えやすい火《ほ》口《くち》に火を移し、さらに火口の火を細い枝などの焚き付けに移し、最後には太い薪を燃え上がらせる。火とは、このように徐々に育てていくものなのだ。

どのような火熾しでも、まずは火種を得るところからはじまる。現代的な道具を使わない原始的な火熾しでは、板に掘ったくぼみに棒（スピンドル）を押し付けて回し、摩擦熱を火に変えるハンドドリル式が有名だ。スピンドルにはよく乾いた、まっすぐ

原始的な火熾し

かつて、われわれの祖先が行っていたであろう原始的な火熾し。いずれも摩擦熱を利用して火を作り出す。

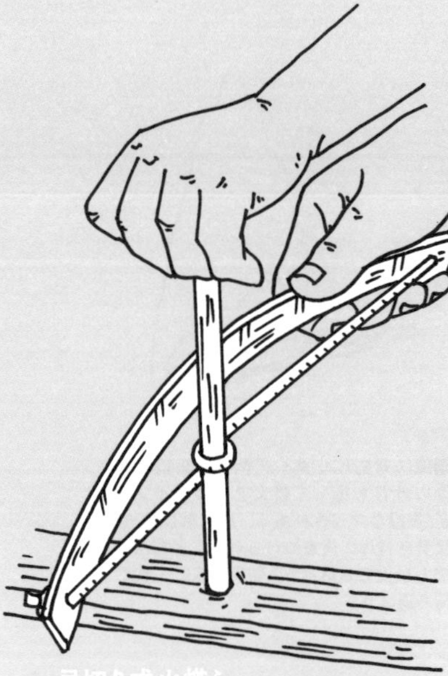

弓切り式火熾し

ハンドドリルを、弓を使って回す手法。紐をスピンドルに巻き付けて弓を前後させると、スピンドルが高速回転する。スピンドルは素手ではなく、ハンドピースで押さえる。

カーボンスチール

ナイフや金鋸の素材になるカーボンスチール（イラストでは棒状のもの）でチャートなど尖った石を打つと、摩擦熱によりカーボンスチールの炭素が燃焼し、大きな火花が散る。

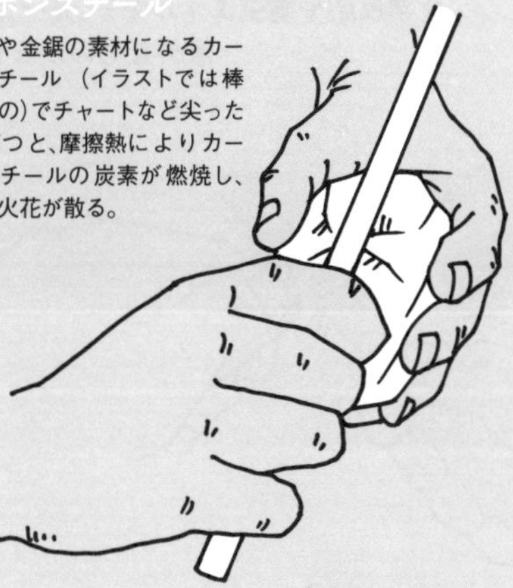

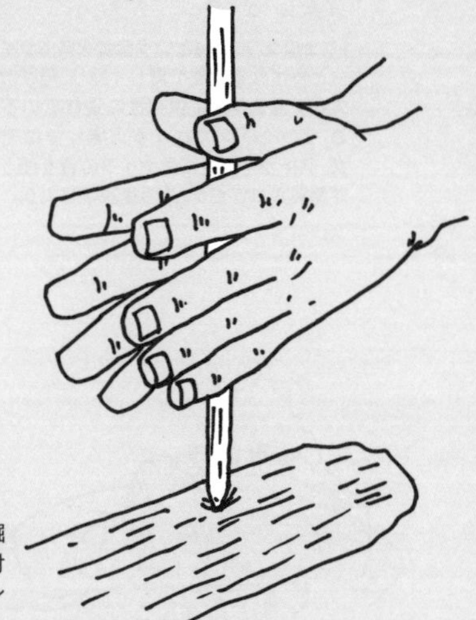

ハンドドリル

板（ファイアーボード）に丸いくぼみを掘り、そこに木の棒（スピンドル）を押し付けて回転させ、摩擦熱で火を得る。スピンドルは、乾いたまっすぐな木の枝がよい。

な杉の枝などが適している。

手の代わりに紐を張った弓でスピンドルを回すのが弓切り式火熾しだ。必要な道具は増えるが、こちらのほうが火を得やすい。

他に、ナイフや金鋸の材料として使われるカーボンスチールで尖った石を打つと大きな火花が出るので火種になる。大きな火花が出るのは、カーボンスチールに含まれる炭素が摩擦熱で燃焼するからだ。

現代的な火熾しではマッチ、特に「フェロセリウム」と呼ばれる金属を棒状にしたメタルマッチが主流だ。火種を得るときには、ストライカーと呼ばれる金属でメタルマッチを激しく擦り、火花を散らす。

メタルマッチが無くても、水を入れたペットボトルを凸レンズとして使ったり、乾電池をショートさせて発火させる手法もある。火を得る必要に迫られたときに備えて覚えておきたい。

現代的な火熾し

化学反応や電気エネルギー、光→エネルギー反応を利用する現代的な火熾し。意外なものからも火を得ることができる。

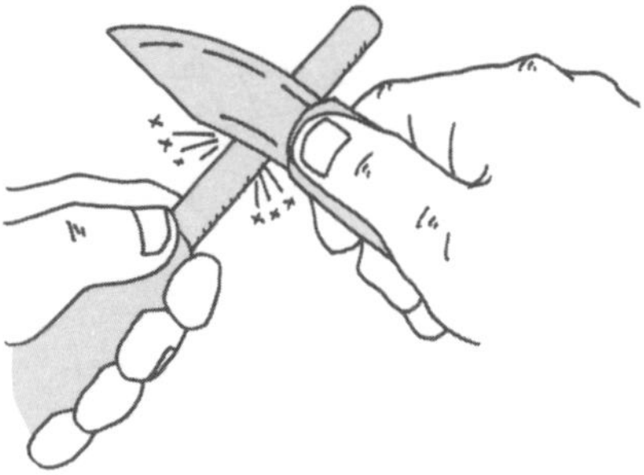

メタルマッチ

「フェロセリウム」という合金をストライカーと呼ばれる金属で激しく擦り、飛び散る火花で着火する。保存性に優れているため、サバイバルにおける火熾しでは定番だ。ストライカーにはナイフの背を使うのが需要なコツだが、この後説明しよう。

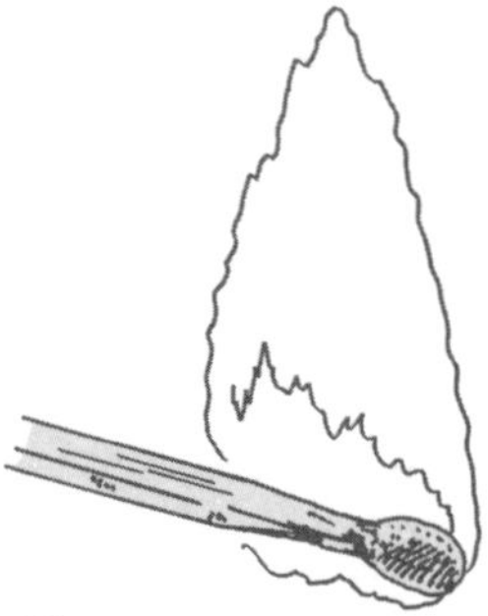

マッチ

雨風に対応したタイプや、マッチ箱の側面以外でも擦って着火できるタイプなど、多様なマッチがある。火口なしで、直接焚き付けに火をつけられることもある強力な火力も魅力だ。防水容器に入れて持ち運ぼう。

バッテリー

バッテリーをショートさせて火を熾す。様々な方法があるが、乾電池とチューインガムの包み紙で火を熾す手法がもっとも有名だ。ガムの包み紙はアルミと紙でできており、ショートすると同時に燃え上がる。

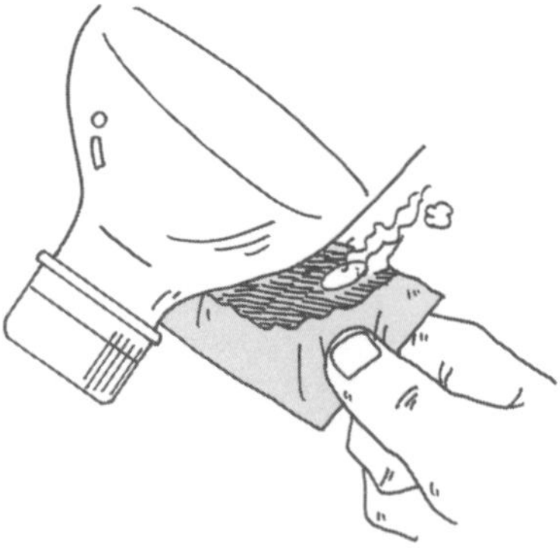

凸レンズ

虫メガネで太陽光を集め、火を熾すのと同じ原理。双眼鏡やカメラからとったレンズ、水を入れたペットボトル、さらにはコンドームに水を入れた即席レンズで火を熾すこともできる。

火口と焚き付け

火種を作れても、火を育てるための火口と焚き付けがなければ焚火にはありつけない。燃えやすい火口・焚き付けを見抜くスキルは生き抜くためには欠かせないのだ。

火口

火種を受け止め、しっかりとした火にするための火口。燃えやすい素材でなければいけない。おが屑や杉などの枯葉、枯れた植物の穂先などが適している。ポケットの中の糸屑や、油を含んで燃えやすい松ぼっくりなどもいい。

火口に適したもの

- 薄く削いだ樹皮
- おが屑
- 枯草やワラ
- 穂先
- ポケットの糸屑
- 鳥の綿毛

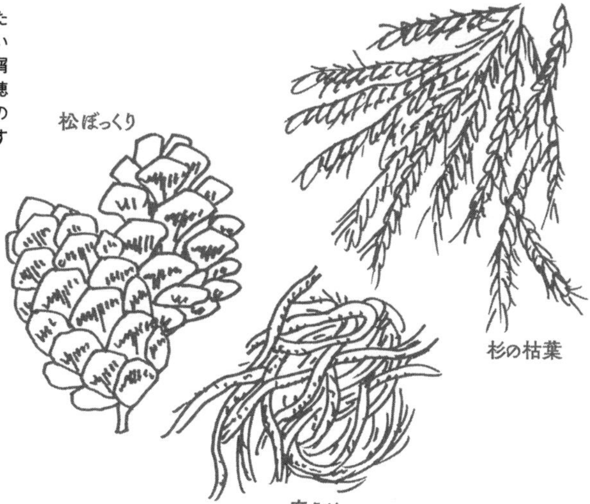

松ぼっくり

杉の枯葉

麻ひも

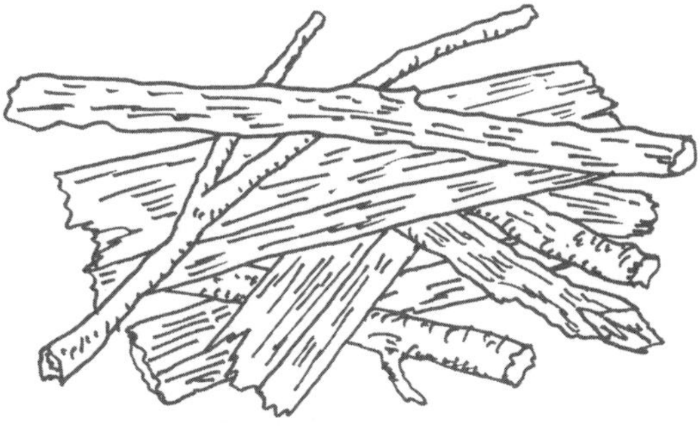

焚き付け

火口の小さな火を、さらに大きくする焚き付け。細く、乾いた木の小枝がベストだが、なければ木っ端を作る手もある。

生きるための心得

火口と焚き付けは、火を熾すためには必須だ。移動中にも目についたら集めておきたい。また、乾かしておくことも忘れずに。

メタルマッチで火を熾す

サバイバルでの火熾しの基本道具はメタルマッチだ。水濡れに強く、燃料切れの心配もいらない。だが、使い方には重要なポイントがある。

ナイフをストライカーにする

常に携帯しているナイフをストライカーとして使おう。実践的かつ効率的だ。

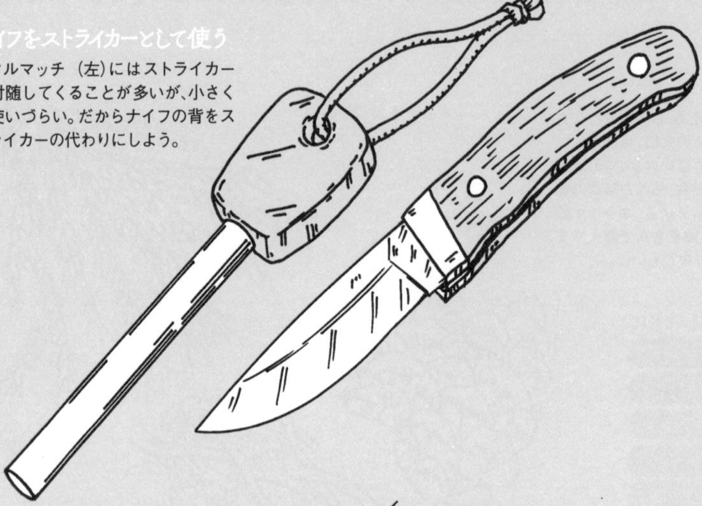

ナイフをストライカーとして使う

メタルマッチ（左）にはストライカーが付随してくることが多いが、小さくて使いづらい。だからナイフの背をストライカーの代わりにしよう。

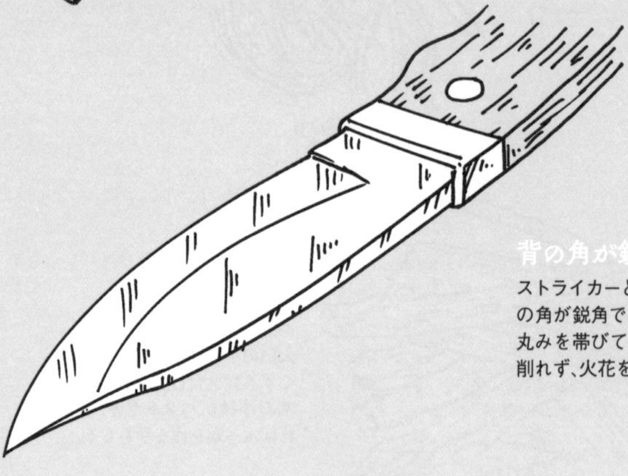

背の角が鋭角なものを

ストライカーとして使うナイフは、背の角が鋭角である方がいい。ここが丸みを帯びているとメタルマッチを削れず、火花を散らしにくいからだ。

ナイフをストライカーにせよ

サバイバルでの火熾しのもっとも基本的な手法は、メタルマッチを使うもの。メタルマッチはサバイバルには欠かせないアイテムなのだ。

メタルマッチの多くは鉄とセリウムの合金である「フェロセリウム」を棒状に加工したものだ。このメタルマッチをストライカーと呼ばれる金属で激しく擦ると、150~180℃で燃焼するセリウムが激しく燃え、火花が散る。この火花で火口に着火するのだ。

言葉にするとこれだけだが、重要なポイントが2つある。

1つは、ナイフをストライカーとして使うこと。多くのメタルマッチにはストライカーが付随しているが、どれも小さくて使いづらい。だが、火熾しのために大きなストライカーを持ち歩くのも無駄が多い。

そこで、野営時に必ず携帯しているであろうナイフをストライカー代わりに使っ

足にナイフを固定する

ストライカーであるナイフを握る手を足の甲に押し当て、固定する。こうすることで火花が真下の火口に落ちるのだ。

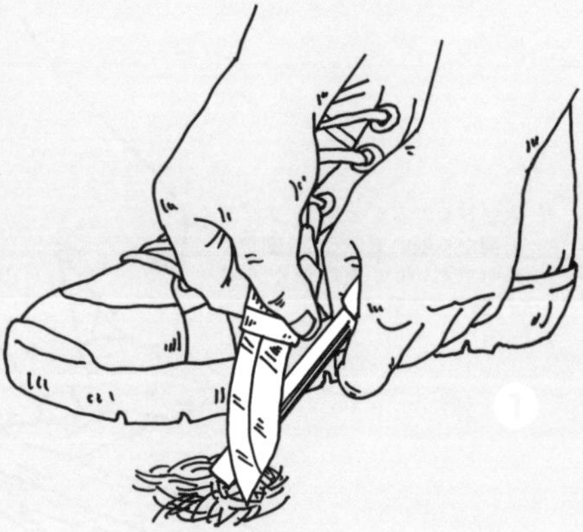

メタルマッチを強く引く

①のイラストの状態から、メタルマッチをナイフの背に当て、一気に引く。すると猛烈な火花が散り、下にある火口に火が付くはずだ。

足を使ってナイフを固定

イラストのように、ナイフを握った手を足の甲に押し付けて固定させる。ナイフの真下には火種を受け止める火口を置こう。

火口が飛んでしまうほど風が強い状況で火を熾すときは、足の甲にナイフを固定するのではなく、メタルマッチで火口を押さえ、そのメタルマッチをナイフの先端で擦る。こうすれば火口が風で飛ぶことを防げる。この際、ナイフを握った拳の回転運動を用いて擦るとよい。

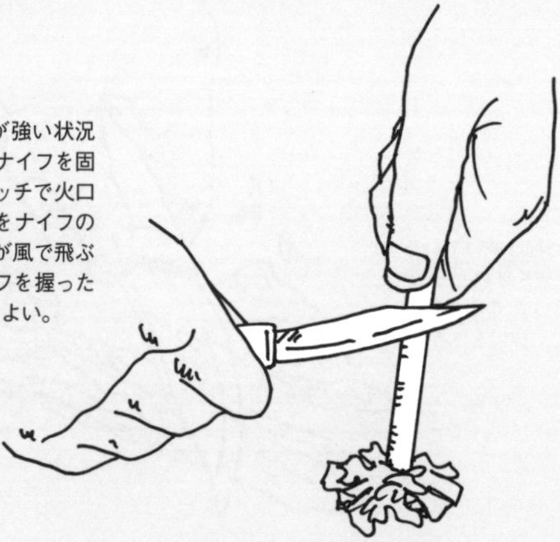

てしまおう。付属するチャチなストライカーよりずっと使いやすいはずだ。

注意点は、ナイフの背が鋭角的でなければ火を熾しにくいことだ。背がもっとも鋭角になるホローグラインドブレードが、ストライカーに適している。

もう1つのポイントは、構えだ。ストライカー(ナイフ)をしっかり固定しないと火花は起こしにくい。また、火花は真下に落ちるため、ストライカーの真下に火口を置く必要がある。

以上を踏まえた理想的な構えは、上のイラストのようになる。

ナイフを持った手を足の甲にしっかり押し当て、その下に火口を置いておく。そして反対の手でメタルマッチを持ち、ナイフの背に押し当てて一気に手前に引き抜く。このとき、真後ろに引くのではなく、斜め上方向に「引き上げる」のがコツだ。盛大な火花が散るだろう。

火口は小さく、薄く、細かく

小さな火種を炎に変える火口。燃えやすくなるよう、できるだけ小さく、薄く、細かくしたい。

枝をナイフで削ぐ

太い枝しかないときは、ナイフで細かく削いでいこう。細かく砕いてもいい。とにかく、小さく、薄くが原則だ。

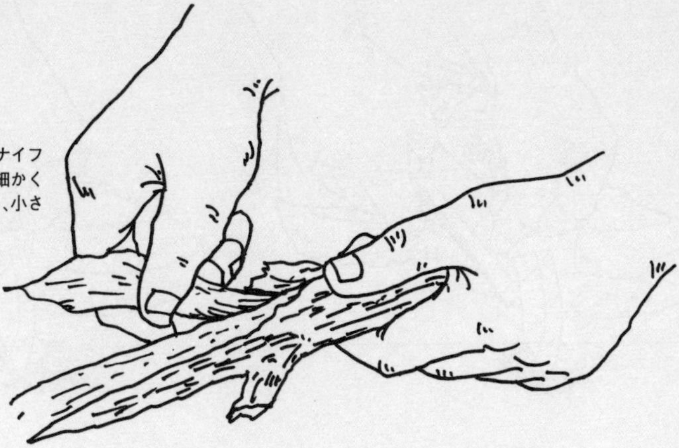

枝の内部は乾いている

湿った枝も、中心部は乾いていることがある。表皮をはいだり、ナイフで削ぐなどして、中心の乾いた部分を取り出し、火口を作ろう。

燃えやすい火口を作る

メタルマッチの火花はあっという間に消えてしまう。火を焚火につなげるには、火花を受け止める火口が重要だ。火口がなければ、我々は火を得ることができないのだ。だから、火熾しが必要になりそうな状況では、常に火口を拾い集めながら歩こう。

一瞬で消える火花で着火させるためには、極めて燃えやすい材料でなければいけない。火口は、前述のように、燃えやすいおが屑や枯葉が適している。

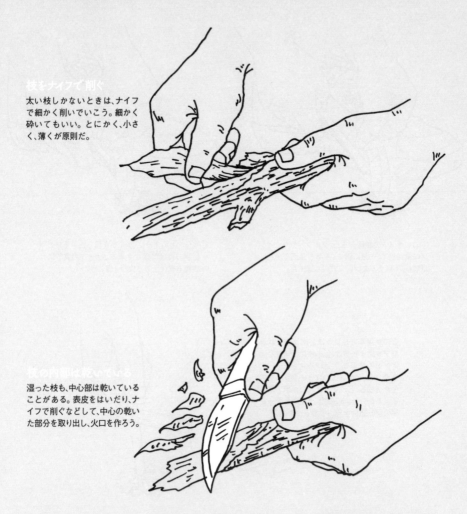

火口に求められる条件は2つ。「酸素に触れる表面積が広い＝細かいこと」と「乾いていること」だ。

とはいえ、自然界に都合よく燃えやすい火口があるとは限らない。そんな場合に備え、火口の作りかたを覚えておこう。

太い枝しか手に入らなかったら、それをナイフで薄く削いでいく。松ぼっくりや枯れた穂先なら、手でもんで細かくしてもいい。とにかく、

焚き付ける時はじっと待つ

火口の小さな炎を焚き付けに移すことができれば、焚火の完成までもうすぐだ。慌てず、焚き付けが燃え上がるのをじっと待とう。

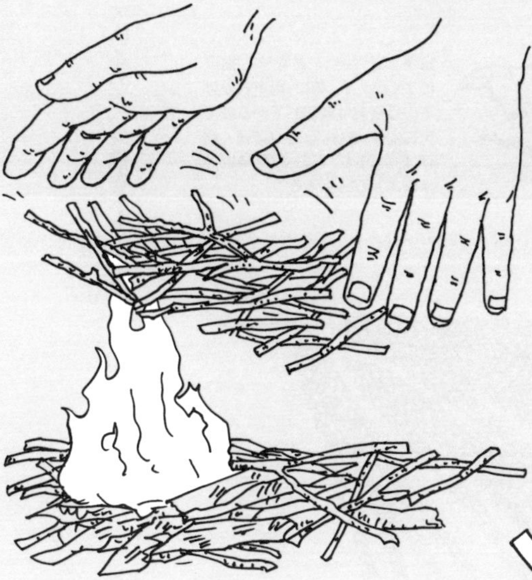

焚き付けを火口にかぶせる

火口が燃え上がったら、用意しておいた焚き付けをかぶせる。焚き付けが乾いていれば、炎はどんどん大きくなるだろう。焚き付けをかぶせるのは種火の熱を逃がさないようにするためだ。

吹くのはNG！

焦って、酸素を送り込もうと息を吹きかけるのはNG。熱が逃げてしまうので逆効果だ。燃え上がるのをじっと待とう。

生きるための心得

焚き付けの小枝が湿っている場合は、一気に火口に載せてはいけない。少しずつ、乾かしながら火口の炎を移しとっていこう。

燃えやすいように細かくするのがポイントだ。特に、乾いた繊維質を見つけることができれば、理想的な火口となる。

　濡れた枝しか見つからなくても絶望することはない。中心部は乾いている場合があるからだ。濡れた皮をはぎ取っていき、乾いた中心部をナイフで削いでいけば立派な火口になるだろう。

火口から焚き付けへ

　無事に火口が燃えはじめたら、次は、火を小枝などの焚き付けに移そう。あらかじめ集めておいた小枝を、まだ小さい火口の炎にゆっくり、かつ大胆にかぶせる。

　このとき、つい息を吹きかけて炎を大きくしたくなるが、これはNG。熱が逃げてしまうため、鎮火してしまう恐れがある。

　火口に焚き付けをかぶせたらじっと待とう。やがて、焚き付けが燃えはじめるはず。こうなったら、焚火まではもう一歩だ。

メタルマッチに向く火口だ！

火熾しのカギを握っているのが、火種を小さな炎に成長させる火口だ。

自然の火口

樹皮や綿毛などの燃えやすいものを探す。
自然といっても、着火性を上げるための加工は必須だ。

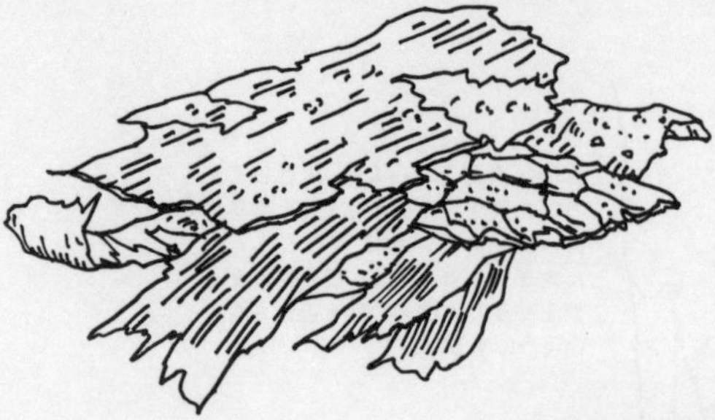

樹皮（白樺など）

白樺など、油分を多く含む樹皮はよく燃える。特に、剝がれかけている樹皮は乾燥しているので火口向き。さらにナイフで薄く削げばベストだ。なお、緊急時以外は倒木から採集すること。

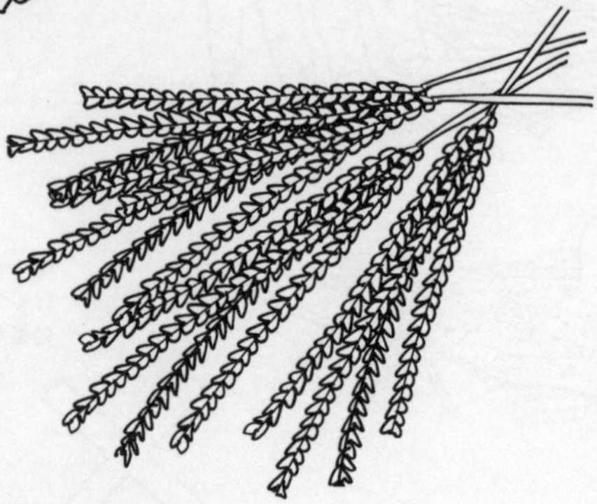

穂先や綿毛

いかにも燃えやすく、火口に向いているようだが、実は置き方が重要。密集して置くと内部が酸欠になって燃えづらい。ふわふわになるまでほぐすのもポイントだ。

ファットウッド

油分を含む、燃えやすい木片。人工的に油を浸透させる場合もある。やはり細かく削り取って使おう。

メタルマッチの使い方と焚火のおおまかな手順は前項の通りだが、火熾しを成功させる上で非常に重要なのが、火口の選び方だ。

火口がなければ、せっかくメタルマッチで起こした火種もあっという間に消えてしまう。火口の質が、火熾しの運命を握っているのだ。

火口に適した材料は、樹皮や綿毛など自然界の燃えやすいものだけではなく、人工物にもいいものがある。たとえば、麻紐や軍手などもほぐせば燃えやすい火口になる。だから、人工物にまで目を向けよう。

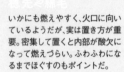

加工する

自然物か人工物かを問わず、火口の条件は「薄く、細かく」だ。だから、どれほど燃えやすい自然物でも、加工などの工夫は必要だ。

樹皮なら、できるだけ薄く削ぐのはもちろん、必要ならナイフの背で削っておが屑

人工物の火口

**サバイバルで多用される人工物にも、火口に向いたものがある。
燃えやすいよう、しっかりほぐすのがポイントだ。**

麻紐

サバイバルのあちこちの場面で使われる麻紐も、よくほぐせばいい火口になる。白樺の樹皮や綿毛ほどではないが、火熾しには十分だ。

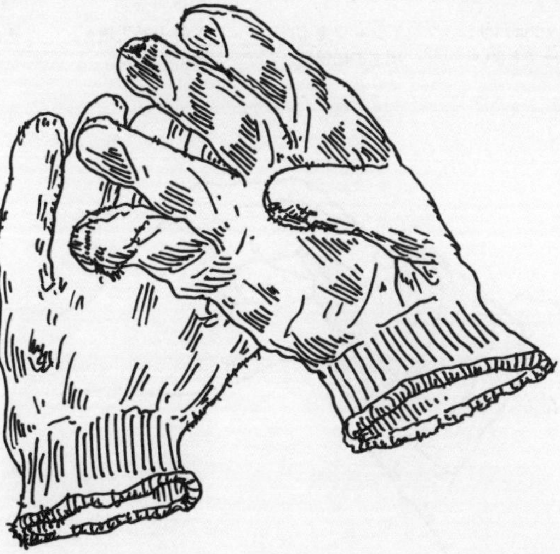

軍手も、ナイフで切り取ってほぐせば火口になる。ただし、銘柄によって燃えやすさには差がある。安価なものに多いポリ系の素材を使った軍手が向いている。

を作ってもいいだろう。

ススキなどの穂先は抜群の着火性を誇るが、密集して置くと内部が酸欠になり、表面しか燃えない。ふわっと広げて置こう。

松の木などの油を多く含んだファットウッドは、メタルマッチの火口としては最適だが、着火性を上げるには、やはり薄く削ることがポイントだ。

人工の火口なら麻紐がお勧めだ。綿状になるまでしっかりほぐせば、簡単に燃える。麻紐はシェルター設営などサバイバルで多用されるだけに、実践的な火口といえる。

意外なところでは軍手も火口に向いている。特に、高級な綿100%の製品ではなく、安価なポリ素材の物がいい。化石燃料系なのでよく燃えるのだ。

軍手を火口にするときは、ナイフで切り取り、切り口のほころびを綿状になるまでほぐす。こちらも麻紐同様サバイバルで出番が多いアイテムなので、頭に入れておこう。

チャークロスを作ってみよう

炭化したコットン「チャークロス」は、極小の火花もしっかり受け止めてくれる優秀な火口だ。自宅で作りメタルマッチと共に携行しよう。

用意するもの

ハサミ

Tシャツはハサミで切ってもよい。

ナイフ

Tシャツを切り出すのに使用。

金属の茶筒

この中で生地を炭化させる。

コットン100%のTシャツ

チャークロスの材料にするTシャツ。コットン100%のものならなんでもよい。

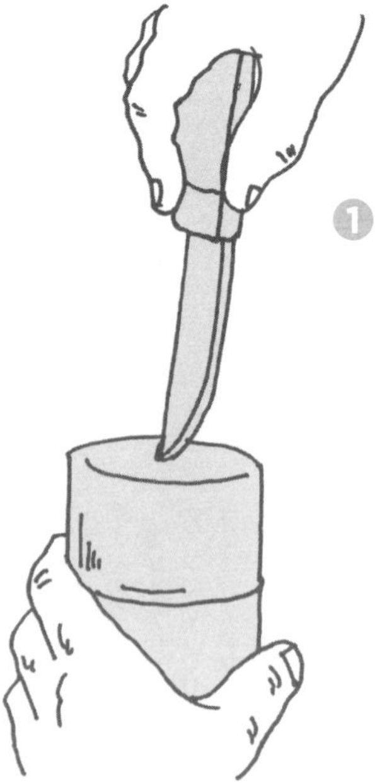

❶

茶筒に穴を開ける

この茶筒の中でコットン生地を蒸し焼きにする。釘などを使い、蓋に2〜3mmの小さな穴を開ける。

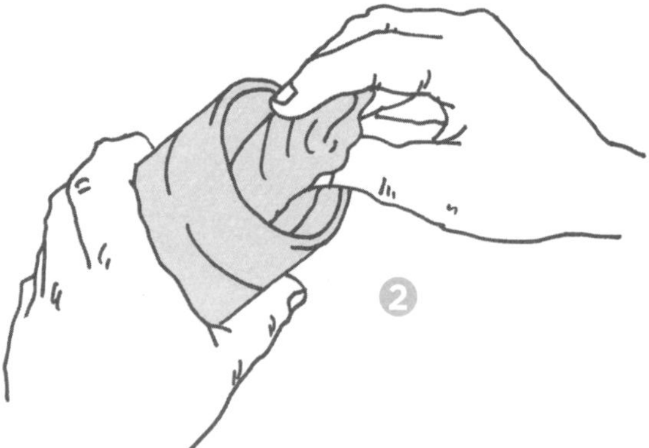

❷

切り取ったTシャツを❶の茶筒に入れる

Tシャツを40cmくらいの大きさに切り取り、畳んで茶筒に入れる。茶筒内にある程度余裕が残るくらいでないと焼きムラが出るので注意。

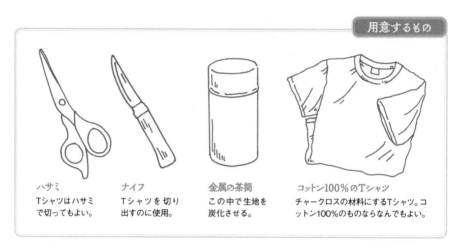

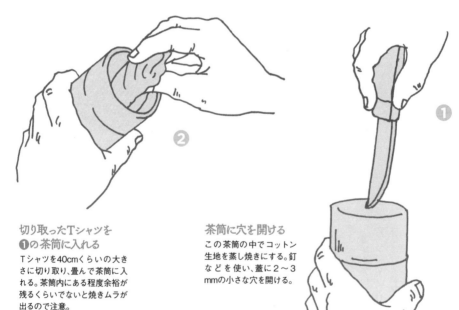

③

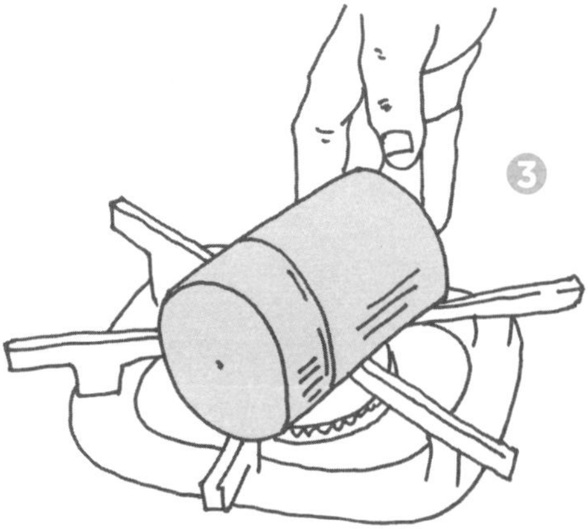

茶筒を火にかける

❷の茶筒を直火にかける。蓋をしっかり閉めないと内部に空気が入り、コットンが燃えてしまうので気をつけよう。

④

穴から煙が出てくる

火にくべるとすぐに、茶筒に開けた穴から勢いよく煙が噴き出す。このまましばらく待ち煙が出なくなったら、火を止めて茶筒を下ろす。

⑤

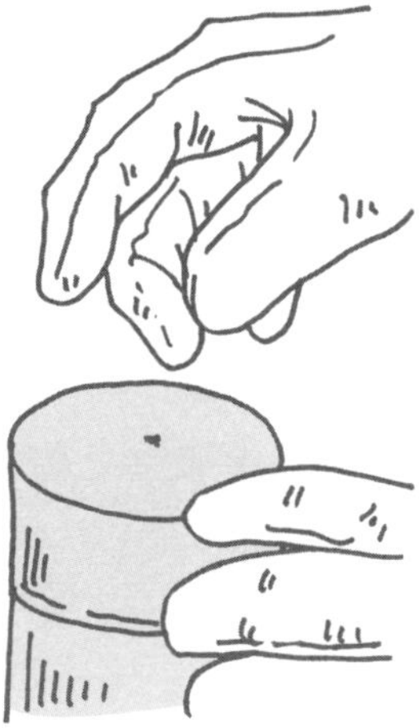

開けた穴を小枝などでふさぐ

茶筒を火からおろしたら、穴を小枝などでふさぐ。空気を遮断して内部のくすぶりを完全に消すためだ。

⑥

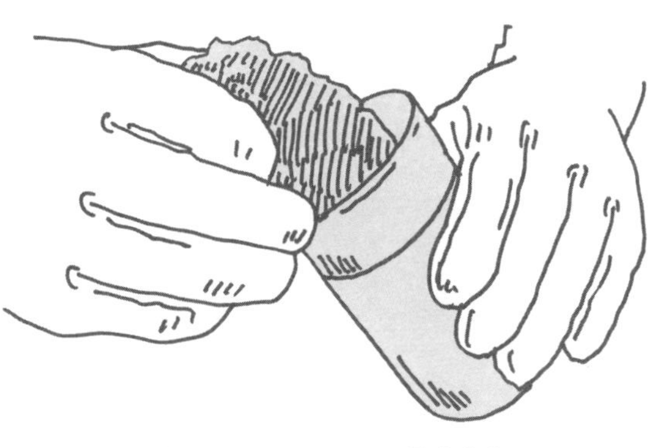

冷めたらチャークロスを取り出す

茶筒が完全に冷めたら、中の炭化したコットン、すなわちチャークロスを取り出す。ハサミで使いやすいサイズに切る。取り出す際は崩さないように注意！

COLUMN

火花には2種類ある

原始的な火熾しと聞いて多くの人が思い浮かべるのは、石と石を打ち合わせる方法ではないだろうか？

たしかにこのやり方で火種は作れる。だが、どんな石でも火が熾せるわけではない。少なくとも一方の石が鉄を含んでいる必要があるのだ。

鉄を含む鉄鉱石などに硬い石を打ち付けると、削り取られた鉄鉱石の鉄が急激に酸化、燃焼する。「燃焼=急激な酸化」という基本を思い出そう。

鉄を含まない石どうしをぶつけ合っても、摩擦による小さな火花が散るくらい。これでは火種には使えない。

大昔、我々の先祖の中に、鉄鉱石を使って何らかの加工を試みた者がいたのだろう。彼か彼女は猛烈な火花に驚いたに違いない。そしてその火花を火熾しに使うことを思い立った……。

こうして我々は火を手にしたのかもしれない。

Part.02

焚火の基本

焚火のメカニズムを理解する

本項ではさまざまな焚火を紹介するが、すべての焚火に共通するメカニズムが、左の「ファイヤートライアングル」だ。

そもそも燃焼とは、熱せられた枝や薪などの燃料から噴出した燃焼ガスが、酸素と結びついて激しく燃える現象を指す。そしてファイヤートライアングルは、これらの燃料・熱・酸素の３つが焚火に必須であることを表している。このいずれかが1つでも欠けると火は起こらない。

消火活動について考えるとわかりやすい。ガスの元栓を締める行為や水かけ、密閉はそれぞれ、ファイヤートライアングルから燃料・熱・酸素を奪う行為だ。

もっとも、燃料と酸素の必要性は多くの人が経験的に知っている。見落とされやすいのは熱だ。乾いた燃料を用意し酸素が十分に供給されるようにしても、焚き付けの火が小さかったり、それが常に外気にさらされたりと、熱が足りないと焚火はすぐに消えてしまう。

したがって焚火のために薪を組む際には、乾いた薪を燃料として、酸素が十分に供給されるように、かつ熱を保持できるように意識しなければいけない。ここで紹介する数々の焚火は、いずれもファイヤートライアングルの３要素をしっかりと満たすものだ。

焚火の大原則「ファイヤートライアングル」

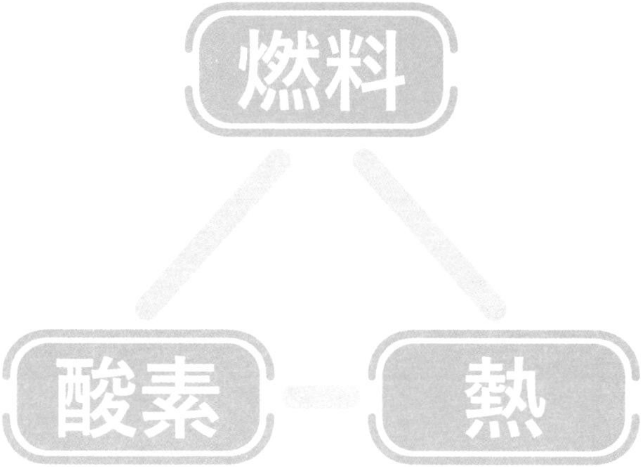

火を熾し、維持するためのもっとも基本的な原理が、この「ファイヤートライアングル」だ。火には燃料、酸素、熱の三要素が欠かせない。燃料とは薪や木片のことだが、薪はそのままでは燃えない。加熱された燃料から噴き出た可燃ガスが酸素と結びつくことで、はじめて炎になるのだ。そして炎によって発生した熱がまた可燃ガスを生み出し、それが酸素と結びついて燃え……というループで、焚火は燃え続ける。

焚火の一生を理解する

焚火とは、少しずつ「育てる」ものだ。どの焚火にも共通する、「焚火の一生」を把握しよう。

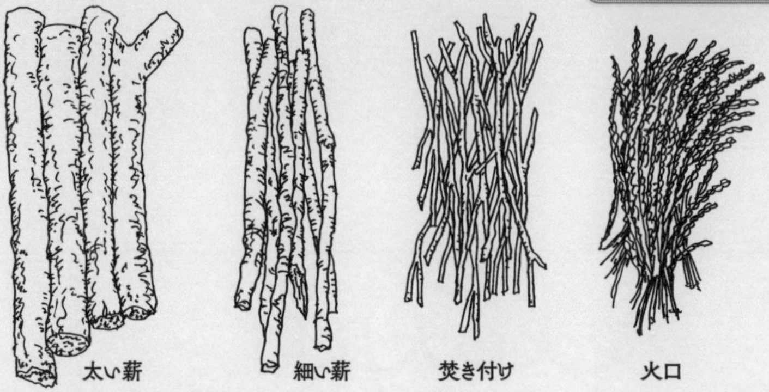

手際よく作業するために、燃料は、あらかじめ燃えやすい順に並べておこう。火口は杉の枯葉や種子の穂先など、熱が通りやすくかつ可燃ガスを多く含んだものを用意する。焚き付けはいわゆる小枝、細い薪は指ほどの太さの枝、太い薪は手首くらいの太さが基準だ。もっとも熱を必要とするのは太い薪から可燃ガスを引き出す際なので、その1つ前の段階で必要になる細い薪は多めに用意しよう。

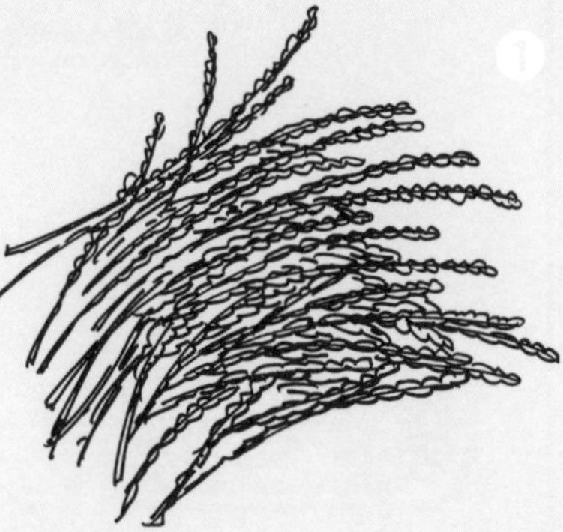

1 まずは火口に火をつける

ススキの穂先など、燃えやすい火口に火をつける。あまり密集させて置くと酸欠で火が続かない。平たく広げて置こう。

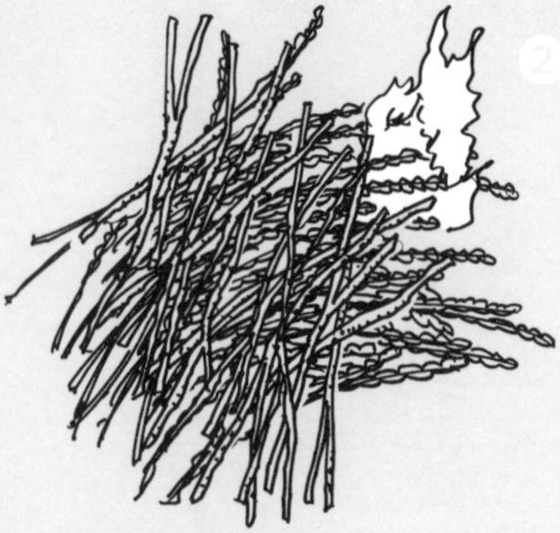

2 焚き付けに火を移す

火口の火を焚き付けに移すが、いきなり焚き付けを火口に載せると酸欠で火が消えてしまうことがある。枝を利用して焚き付けを少し浮かせるなど、空気の通り道を確保しよう。

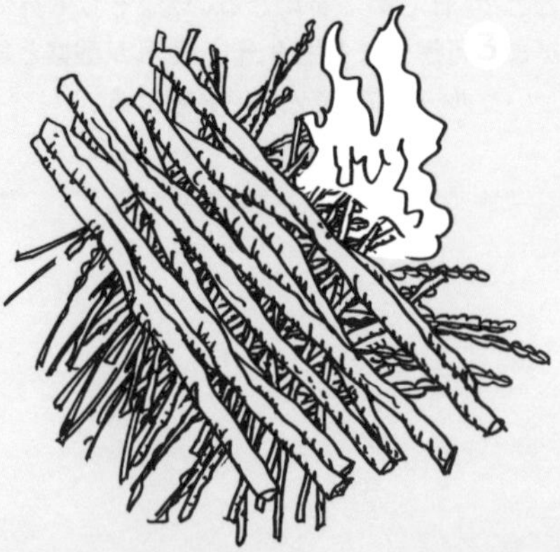

3 細い薪に火を移す

焚き付けがしっかり燃えはじめたら、その上に細い薪を載せて火を移す。薪はすぐには燃えはじめないが、焦ってはいけない。

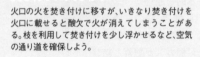

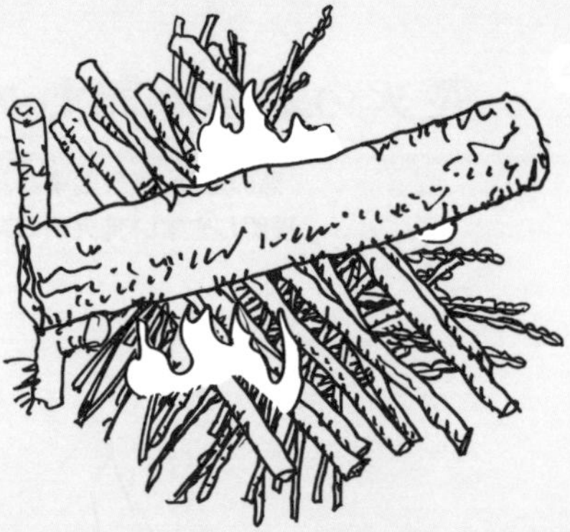

太い薪を組みはじめる

細い薪が燃えはじめたら、いよいよ太い薪に火を移す。今回は、炎の成長と共に薪を組む「リーントゥ」型。まず、Y字の枝に、梁となる太い薪を立てかける。

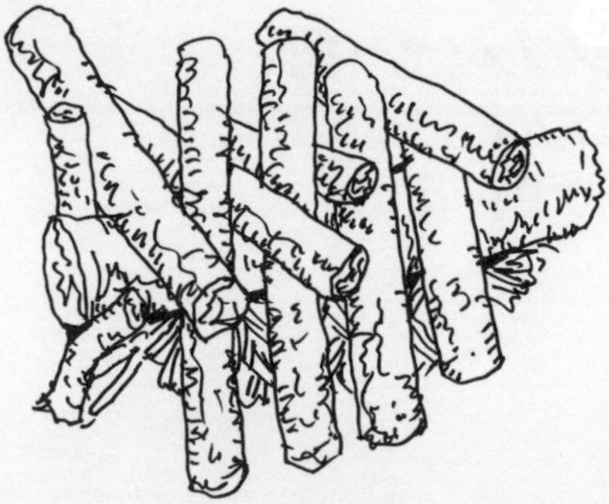

薪を立てかけていく

梁となる薪に、焚火を覆うように、薪を左右交互に立てかけていく。薪のすき間から空気が入るので、火が酸欠になることはない。

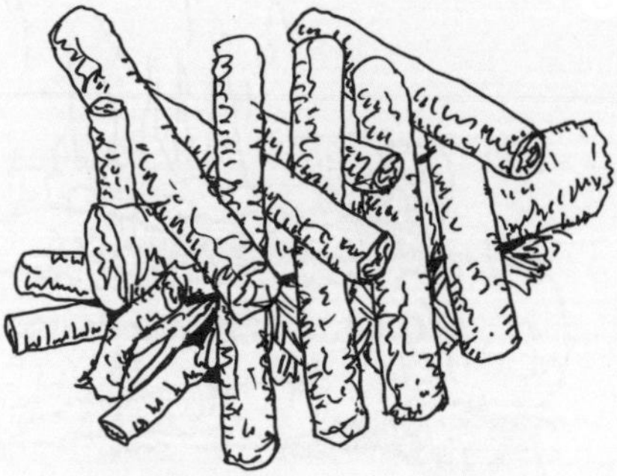

やがて、太い薪に火が移るはずだ。もし火の勢いが落ちたら、細い薪が足りない証拠。すかさず細い薪をY字の枝に立てかけた太い薪の下へ追加しよう。

太い薪が勢いよく燃えはじめたら焚火は最盛期を迎える。このころには焚火内側の細い薪は可燃ガスを出し切り、炎を上げずに真っ赤に燃える熾火《おきび》になっている。

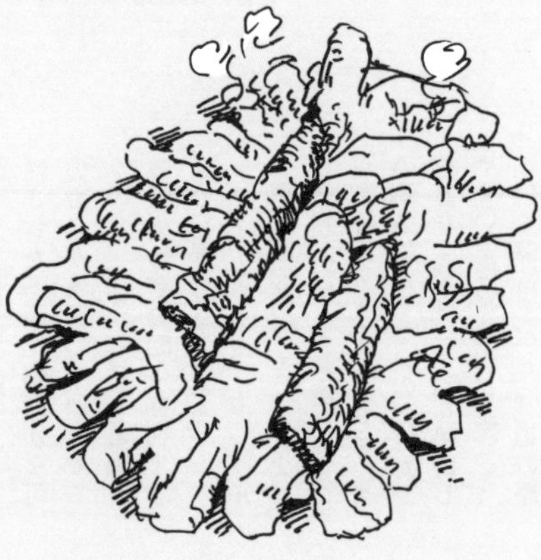

薪が炭化し、崩れていく。燃え残った太い薪を熾火の上に載せ、すべてを燃やし切ろう。ミネラルである灰は自然に還るのだ。

焚火の後処理

生物分解できない消し炭は自然に還らないので、太い薪が燃え残っているうちは水をかけてはいけない。燃え残りの薪を熾の上に移して燃やし尽くし、すべてを灰にしてから水をかけよう。それでも燃え残った炭は完全に潰すか、次回の焚火のために持ち帰る。

基本のロングファイヤー

焚火には無数の型があるが、いずれも重要ないくつかのポイントを押さえている。まずは基本のロングファイヤー型をマスターし、焚火のポイントを理解しよう。

焚火の基本が詰まったロングファイヤー型

熱の保持、吸気効率など重要なポイントを
理解しやすい焚火がロングファイヤー型だ。

単純な構造ながら実用性が高いロングファイヤー型。骨格となる2本の丸太が炭化してきたら、その外側に新たに2本の丸太を置いて内側の丸太を押し込もう。古い丸太は燃料となり、焚火は燃え続ける。

熱を保持する

焚火にまつわる名言に「火は薪の『間』に存在する」というものがある。間、というのが重要だ。安定期に入った焚火を観察すると、薪の上部ではなく、下部から薪全体を包み込むように燃えていることに気づくだろう。これは大気に熱が逃げてしまう上面より、隣り合う薪によって熱された下面～側面から可燃ガスが噴出しているからなのだ。ゆえに焚火を俯瞰すると火は薪の間に存在するように見えるのである。

ファイヤートライアングルの原則を思い出そう。焚火には燃料（薪）と酸素に加え、可燃性ガスを生じさせるための熱も欠かせないのだ。だから豊かな焚火は、熱を保持しやすい下部から激しく燃える。「熱を保持すべし」。この原則をよく理解できる焚火が、

ロングファイヤーのメリット

メリットが多いロングファイヤー型焚火は、極めて実用的でもある。

メリット 1

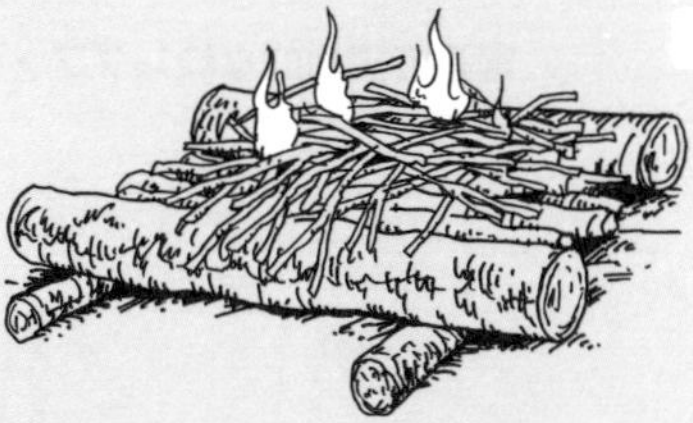

焚き付けをたっぷり置ける

焚き付けを平面に置けるため、大量に置いても酸欠になりにくい。焚火に必要な熱量を手早く確保できる。

メリット 2

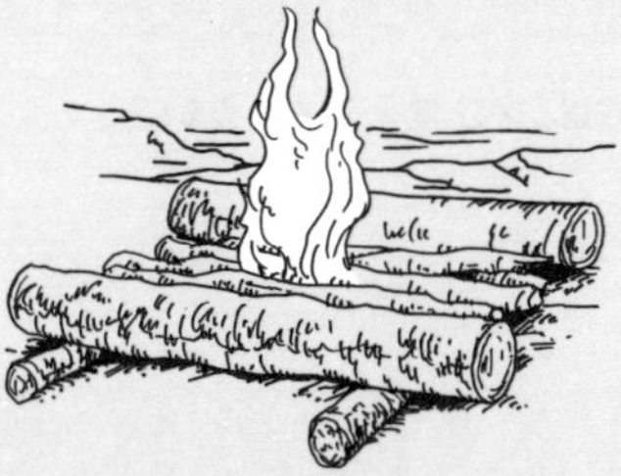

川からの風を取り込める

上流から下流へ風が吹き下りる谷の河原で焚火を熾す場合、２本の丸太を川（風向き）と平行に置くことで間を風が通り抜け、吸気効率を上げられる。

メリット 3

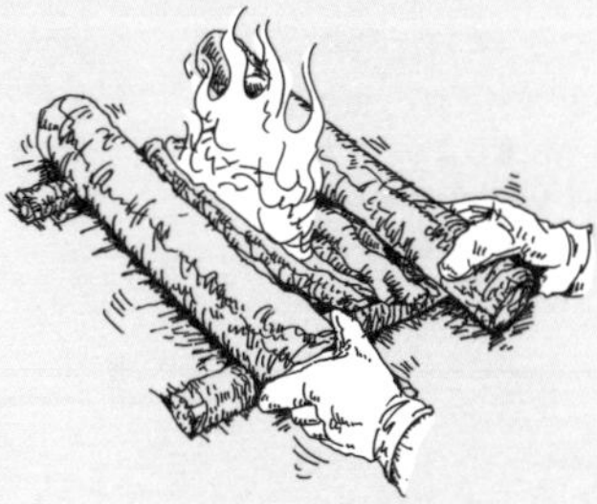

丸太の間隔で火力を容易に調整できる

間隔を開くと熱が逃げて火力は落ち、広げて薪を追加すると火力が増し、薪が炭化してきたら間隔を詰めて火力を安定させるなど、自在に操ることが可能。

メリット 4

コッヘルなどを置きやすい

火床が水平かつ広いので、そのままコッヘルなどを置ける。置く場所によって火力も異なるため、火加減の調整もしやすい。

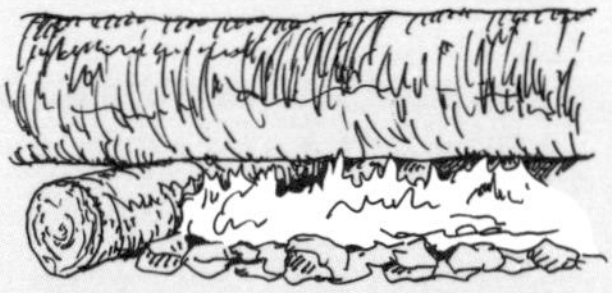

丸太にゲタを履かせて吸気効率向上

丸太の下に枝や石のゲタを履かせれば吸気効率はさらに上がる。ただし、あまり高くすると熱が逃げる。

メリット 6

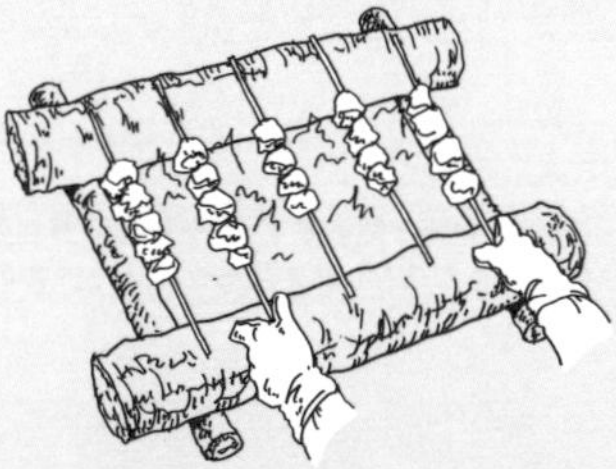

直接、調理もできる

薪が炭化してきたら丸太の間隔を広げて炭をならし、串焼きができる。丸太に網や鉄板を置いてもいい。

２本の丸太を両側に配置してから間に薪を置いていくロングファイヤー型だ。２本の太い丸太が熱を保ってくれるため、丸太の間に置かれる薪がよく燃える。

ゲタをはかせて吸気させる

ただし、熱の保持ばかりに意識をとられると吸気効率がおろそかになり、熱と同様に欠かせない酸素が足りなくなってしまう。しかしロングファイヤー型なら、丸太を風向きと平行に配置したり、「ゲタ」となる枝を丸太の下に置いたりすることで吸気効率を上げることもできる。焚火の要点を体で理解できる焚火がロングファイヤーなのだ。

この型には他にも、火力調整のしやすさや調理のしやすさなどの利点も多いため、極めて実用的でもある。山屋や沢屋、源流に挑む釣り人など、生き抜くために焚火を必要とする人々がロングファイヤー型の焚火を愛するのはそのためだ。

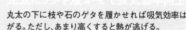

ロングファイヤー型焚火の組み方

定番で実用的なロングファイヤー型の組み方は、ぜひ覚えておきたい。

❶

丸太など素材を用意する

熱を保持する２本の太い丸太の他、細い丸太、薪となる枝、焚き付けを用意する。太い丸太は燃やさないので湿っていてもいい。

❷

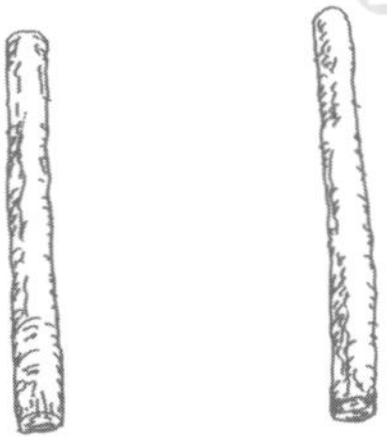

丸太の下のゲタを置く

まず、２本の太い丸太の下に入れるゲタになる細い丸太を置く。これも燃えないため、湿っていてもいい。

❸

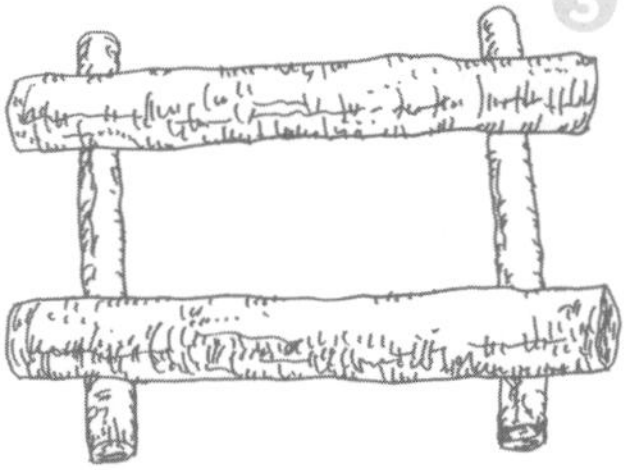

丸太を2本平行に置く

丸太を２本、平行に置く。風向きと平行になるよう注意しよう。丸太はできるだけまっすぐなものを選んだほうが調理時にコッヘルなどを置きやすい。

❹

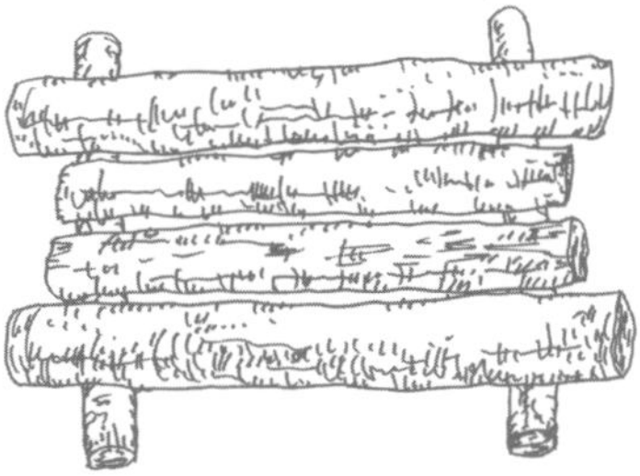

底に太い枝を渡す

次に、底に太い枝を数本渡す。薪が地面に触れないように支えるためだ。燃え落ちないよう太めのものを選ぶ。

❺

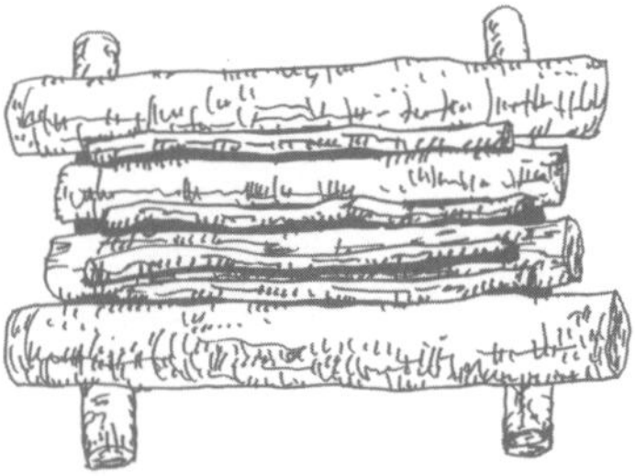

薪を置いていく

❹の上に薪を置いていく。このとき、両端の丸太どうしの間隔を広げすぎると火が安定しないので注意。

❻

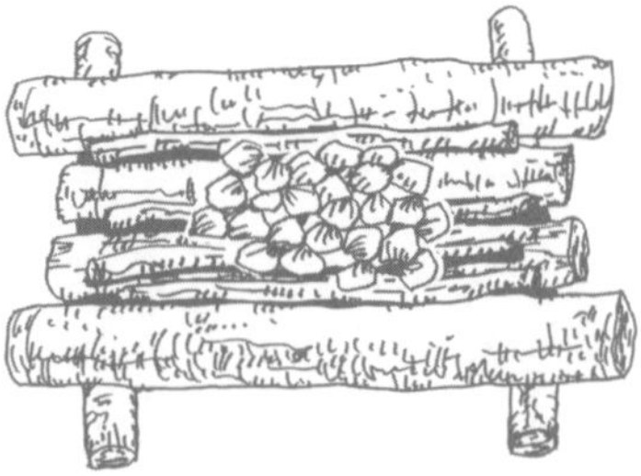

焚き付けを大量に置く

❺の上に焚き付けを置いていく。上面が平らになっているため、大量に置けるはずだ。

❼

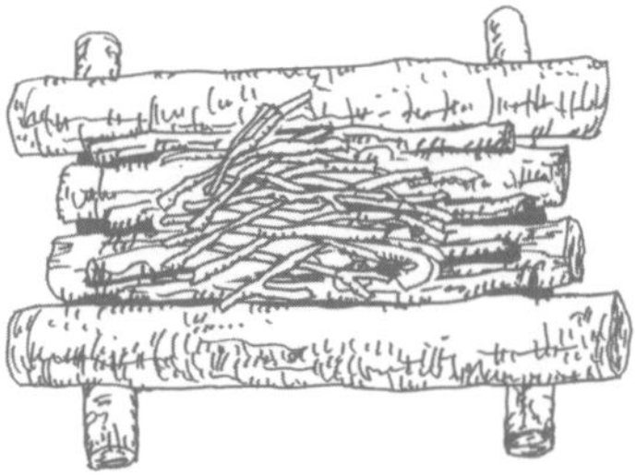

火をつけて待つ

焚き付けに火をつけて、ふたをするように細い枝を載せて少し待つ。やがて２本の丸太の間に熱が溜まり、燃え上がるだろう。

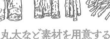

ロングファイヤー派生型の焚火

ロングファイヤー型の原理を応用した派生型の焚火を2つ紹介しよう。

ロックファイヤープレイス型

ロングファイヤー型の丸太のかわりに石を使う焚火。石の間に横長の火床を構築する。高さが等しく、平らな石を探すのがポイントだ。

生きるための心得

石に囲まれているため高温を維持しやすく、炭になるまでが早い。薪は多めに用意しよう。

トレンチファイヤープレイス型

丸太を置くのではなく、縦長に地面を掘り下げた中で焚火をする。クッカーは直接薪の上に置くことになるが、掘り下げた地面に囲われているため、薪が炭化しても崩れることはない。

生きるための心得

縦長の穴のどちらか一方（イラストでは手前）を、空気を取り入れるためにすり鉢状にする。焚火に熱せられていない重い空気が斜面を沿うように火床に導かれる。

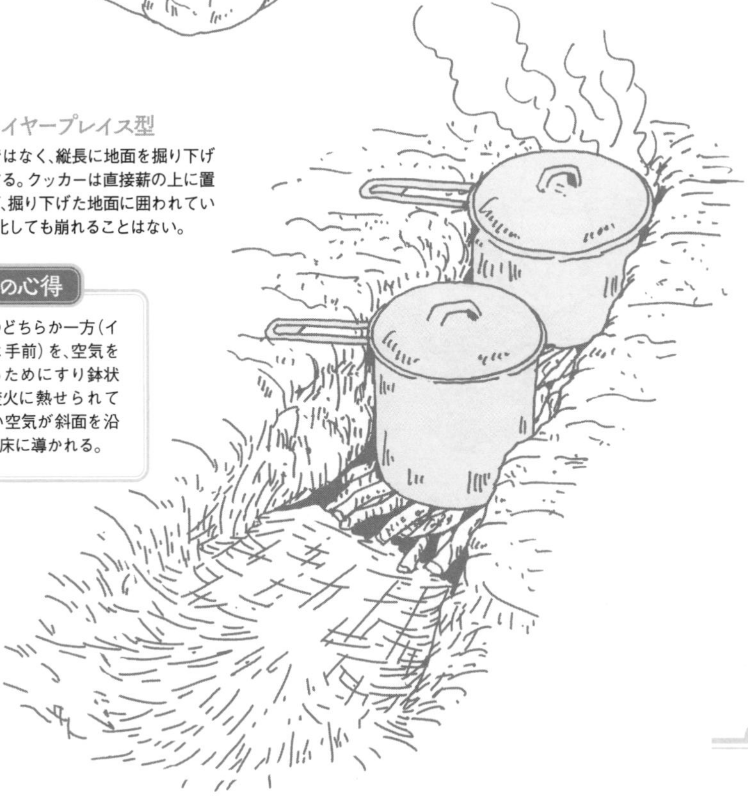

3つの実用焚火

焚火は、調理を目的にすることも多い。さまざまな調理方法に向いた実用的な焚火を3つ、紹介しよう。

トラッパーファイヤー型

火床がV字になるため調理具を置く場所によって火力が異なり、火力調整がしやすい。

場所によって火力が変わる

火床が広い場所では火力が強く、狭いと弱い。火に接さないV字の先端では保温もできる。

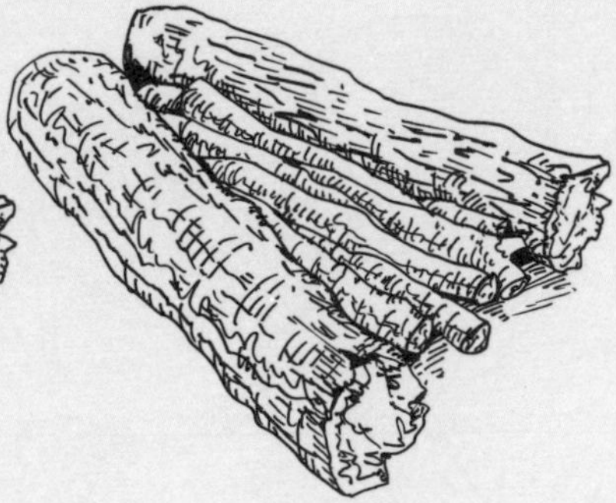

V字型の火床

２本の丸太の間に薪を置いて焚火を熾す。火床はV字型になる。

バックログファイヤー型

ロングファイヤー型の一端に丸太を置いたもの。丸太が熱を保持してくれる。火床の幅を詰めたり広げたりして火力調整する。

丸太に枝を差し掛ける

太い丸太にY字の枝を差し掛けるように地面に突き刺してポットクレーンにする。

火力を調整する

焚火の重要な目的のひとつに調理がある。ヒトが焚火を熾してきたのは、食材に火を通して食べるためでもある。だが、焚火で調理をするためには微妙な火力の調整が必要だ。スイッチひとつで火力を調整できる家庭用コンロとは異なり、焚火での火力調整は簡単ではない。そこで、火力の調整が容易な、調理に向いた焚火を３つ紹介しよう。

２本の丸太をV字型に置くトラッパーファイヤー型、別名ハンターファイヤー型の焚火は、アメリカの猟師が愛用してきたものだ（トラッパーとは罠猟師のこと）。利点は、すぐに熾せて調理具も置きやすいこと。また、V字型の火床は先にいくほど火力が弱まるので、火加減の調整が容易なのも強みだ。

ロングファイヤー型焚火の一端に丸太を置くバックログファイヤー型焚火は、丸太にY字の枝を差し掛けることで簡易的なポットクレ

キーホールファイヤー型

鍵穴状の穴を掘ることで、焚火を熾す場所と、調理用の熾火の場所とを明確に分けられる。

1

鍵穴状の穴を掘る

鍵穴のように穴を掘る。熾火の熱を守るための凸部分は、あまり広すぎると熱が逃げてしまう。

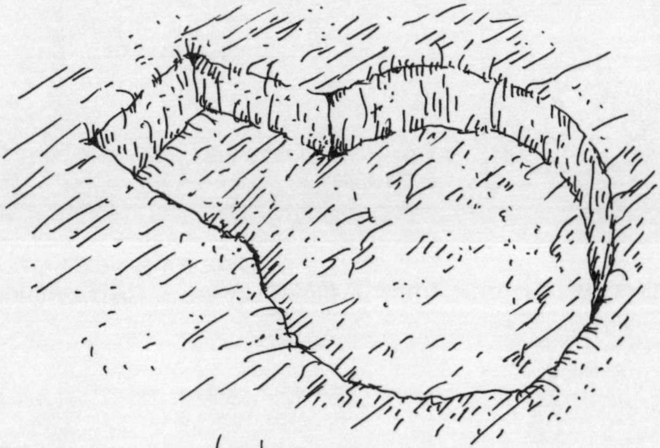

2

凸の熾火で調理をする

凸部分に熾火を集め、そこで調理。狭いので熱が逃げず、熾火が長時間持続する。

ーンを作れる。ロングファイヤー型にない太い丸太には熱を保持する効果もあるので、火床を左右に広げても火を保ちやすいのがメリットだ。

　また、基本的な構造はロングファイヤー型と同じなので、左右の丸太間の距離を変えることで火力の調整もできる。飯盒やビリー缶など吊り下げ型の調理具を使うなら、必ず覚えておきたい焚火だ。

　地面に掘った鍵穴状の穴の中で火を熾すキーホールファイヤー型は、〇の部分で焚火を熾し、焚火によって作られた熾火を凸部分に集めて調理する、という仕組みになっている。しずかに燃える熾火は調理向きだが、単体で取り出すとすぐに鎮静化してしまう。そこで、熱を逃さないよう鍵穴に入れて使うというわけだ。

　なお、穴を掘れない野営地でも、鍵穴状に石を集めると同じ効果を持つ焚火ができる。

用途特化型の焚火

焚火の種類は膨大だ。中には、特定の用途に特化した焚火もある。

オートマチックシチューファイヤー型

すり鉢状の穴を掘り、薪を差し込んで火を熾す。薪が自動的にずり落ちるので長時間燃える。

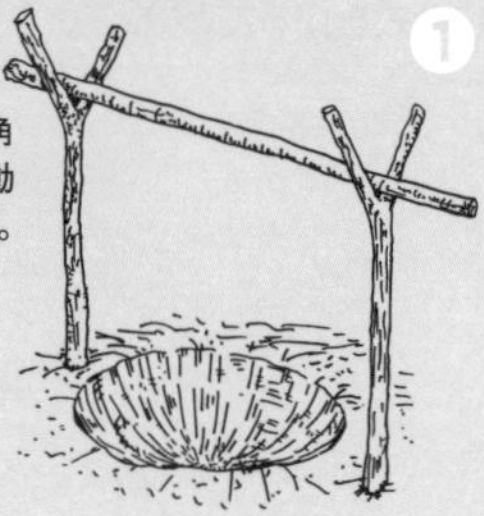

すり鉢状に穴を掘る

すり鉢状の穴を掘る。穴の角度は、薪が燃えるにつれ自動的にずり落ちるくらいにする。

放射状に薪を入れ、火を熾す

薪を放射状に穴に入れて火を熾す。Y字の枝で調理用のポットフックも作ろう。

ロケットストーンストーブ型

斜面に穴を掘って石を積み、石板を渡す。穴で火を熾せば、石板は高熱の焼き場になる。

斜面に穴を掘る

石板の大きさに合わせ、斜面にこのように穴を掘る。

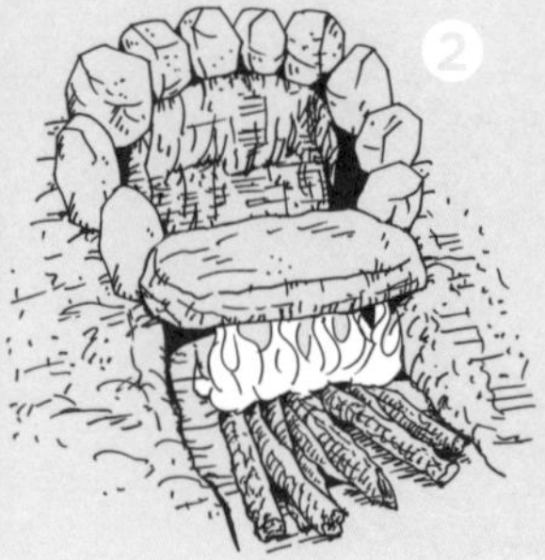

石板を渡して火を熾す

穴に石を積み、穴を完全にふさがないよう石板を渡す。中で火を熾せば、石板が猛烈に熱せられる。

オールナイトファイヤー型

3本の丸太で薪の上下を挟み、火を熾す。丸太がじっくり燃えるため、暖房に最適だ。

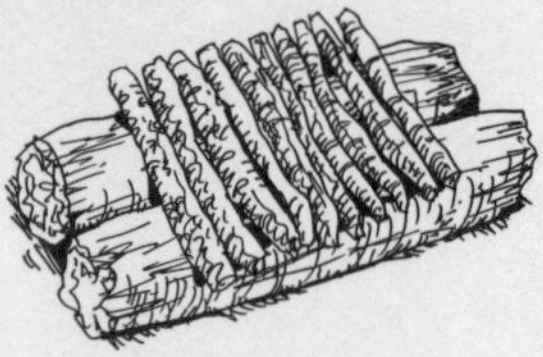

2本の丸太に薪を並べる

2本の丸太を並べ、上に薪と焚き付けを置く。いずれこの焚き付けがなくなって3つの丸太の間でゆっくりと燃焼する。

焚火の上にも丸太を置く

火を熾したら、上にも丸太を置き、焚火を挟みこむ。丸太さえあれば手軽な焚火だ。

工夫を凝らした焚火

焚火の原則が理解できれば、特定の目的に沿ったやや特殊な焚火を熾すこともできるようになるだろう。

オートマチックシチューファイヤー型は、すり鉢状の穴に放射型に薪を差し込んで焚火を熾すため、燃えた先端が炭化するにつれて自動的に薪がずり落ちる。つまり、薪が自動で供給されるのだ。長時間燃え続けるので煮込み料理に向いているだろう。火床の穴をすり鉢状にすれば、周囲の冷気を引き込むので吸気効率も問題ない。

もし大きめの石板（板状の石）と斜面があれば、ロケットストーンストーブを試してみよう。斜面に穴を掘って石を積み上げ、その上に石版を渡す。このとき、穴を完全にふさがず、石版の後方に穴を残すのが重要だ。全体がL字型になり、ロケットストーブと同じように垂直方向に上昇気流が生まれ、口からは空気が引

ダコタファイヤーホール

2つの穴をつなぎ、吸気のためのトンネルとする。
一方の穴からは空気が供給され、焚火は燃え続ける。

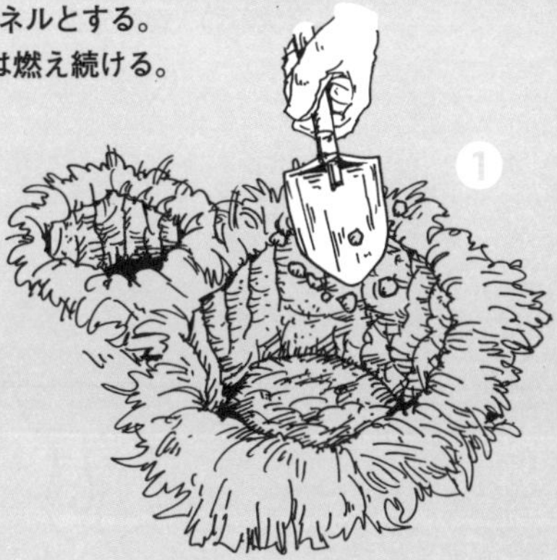

2つの穴を掘る

20cmほどの間隔をあけ、深さ30cm、直径15～35cmほどの穴を2つ掘る。

穴どうしを繋げる

2つの穴を繋ぎ、トンネルにする。

片方の穴で火を熾す

大きい方の穴の中で焚火を熾す。もう一方の穴から常に空気が供給されるので、火は安定して燃える。

一方の穴から常に空気が供給され火力が安定するため、調理に向いている。

き込まれる。そして熱せられた石板は、焼き場として最適になる。

　地面に置いた2本の丸太と、上に置く丸太で薪を囲むオールナイトファイヤー型は、丸太が熱を保持しつつじっくり時間をかけて燃える。丸太を入手することさえできれば、夜間の暖房に最適だ。

　もし、2日以上同じ野営地に滞在するなら、ダコタファイヤーホールを試すべきだ。2つの穴を掘って繋げた上で、片方の穴を火床として火を熾す。熱せられた空気は上昇するため、火床には負圧が生じ、火床ではないほうの穴から空気が引き込まれるのが特徴だ。常に新鮮な空気が供給されるので、薪がある限り燃え続ける。

　いずれも形はまったく違うが、燃料、酸素、熱という焚火の原則をしっかりと守っていることがわかる。原則を理解すれば、応用もまた容易になるのだ。

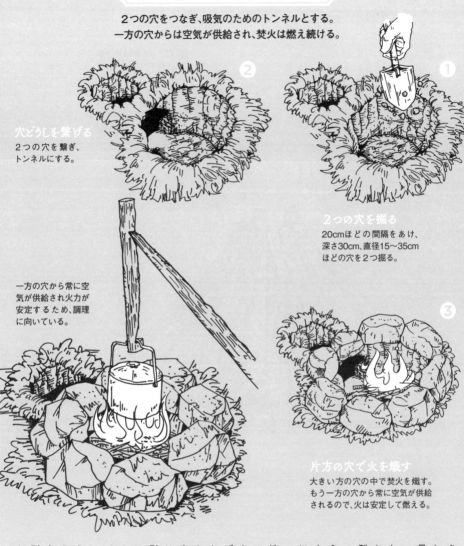

炎を楽しむ定番焚火型

焚火に求められるのは実用性ばかりではない。炎の美しさもまた、焚火の魅力だ。

誰もが憧れたティーピー型

円錐状の薪を燃やすティーピー型。実は作るのは難しくない。

生きるための心得

風通しのいいティーピー型は、吸気効率はいいが熱を蓄える力は弱い。したがって火を育てるのには時間がかかるが、一度燃え上がると火力は強い。

焚き付けの周りに薪を円錐状に立てる

焚き付けを中心に、円錐状に薪を立てかける。火を熾すための開口部を設けておくといいだろう。

炎の美しさを楽しむ

ここまでは実用的な焚火を紹介してきたが、焚火の持つ魅力は実用性だけにはとどまらない。炎そのものの美しさもまた、人を引きつけている。そんな美しさを重視した焚火もある。

円錐状の薪を燃やすティーピー型の焚火は、子どものころ、誰もが一度は憧れた焚火の型ではないだろうか。ティーピー型を構築するのは難しくない。火口と焚き付けを囲むように、円錐状に薪を立てかけていくだけだ。ナイフや鋸を必要とせず、落ちている枝を集めるだけでよいため、初心者向きでもある。

ティーピー型は上方に向かう炎が薪に当たりやすく、また、内側の薪が燃えると支えられていた外側の薪が倒れこみ自動で薪が供給されるため、合理的でもある。

シンプルな美しさでは、リーントゥ型も捨てがたい。丸太の側面に焚き付けと細い薪を置き、その上から、

単純だがよく燃える リーントゥ型

丸太に薪を立てかける。丸太が熱を保持するが吸気効率もよいので、よく燃える。

太い丸太を用意する

丸太の脇に焚き付けと細い薪を置き、その上から薪を立てかける。下に空間が確保できる、太い丸太を選ぶのがポイントだ。

生きるための心得

丸太が支えになるため、薪が焚き付けを潰さないのが特徴。したがって、焚き付けが燃え上がるまで待たずに薪を置いてよい。放っておけば、育った火が薪に移るはずだ。

大きな炎が上がる ログキャビン型

キャンプファイヤーでも多用されるのは、安定しており大きくしやすいためだ。

井型に薪を組んでいく

「井」の形に交互に薪を組み、中に細い薪と焚き付けを入れる。吸気性がよいため、非常に大きな炎が上がる。

生きるための心得

最下部に焚き付けの炎を受ける細い薪を敷き、その上に火口を置いてから焚き付けを被せる。炎が大きくなって骨格も燃えはじめたら、上の開口部から薪を追加投入しよう。

丸太に薪を立てかけて火を熾す。

　丸太が熱を溜めこんでくれるが、吸気効率もいいのでよく燃える。薪を供給するのも簡単なので、長い時間楽しむこともできる。

　井型に薪を組むロググキャビン型は、キャンプファイヤーでよく知られる。2本の薪を交互に、井型に組んでいき、中央最下部に細い薪と焚き付けを置くだけだが、吸気効率が非常によいため、極めて大きな炎を上げる。

　構造がしっかりしているため、大型化しやすいのも魅力だ。下部ほど太い薪を用いればさらに安定するだろう。骨格の太い薪が焼け落ちるまでは、中に薪を投げ入れれば燃え続ける。大勢で、大きな炎を楽しみたいときには、もっとも適した焚火型だ。

　いずれも定番と言え、作るのは難しくないが、炎がとても美しい焚火だ。頭に入れておきたい。

COLUMN

燃えているのは薪ではない？

我々は焚火を見て「薪が燃えている」と表現する。だが、これは厳密には誤りである。燃えているのは薪ではなく、薪から発生した燃焼ガスなのだ。

樹木の化学組成のほとんどはセルロースやヘミセルロースといった炭素だが、炭素が熱で分解されると燃焼ガスが生まれ、このガスが酸素と結びつくことで燃えるのだ。より具体的には、火にさらされた薪は100℃前後になると水分を放出し、燃焼ガスを出しはじめる。そして200℃を超えると炭素の分解が急速に進んで燃焼ガスが盛んに出るようになり、260℃でついにガスが燃えはじめる。だが薪自体が炎を上げるのは、熱による分解が加速した600℃以上の話だ。

重要なのは、「薪はガス化させないと燃えない」という点だ。この理屈を理解していないと、煙が出るばかりで炎が出なかったり、炎が出ても新しい薪をくべたら消えてしまったりする。

なお、薪は乾燥していないと燃えにくい。含水率は20％以下である必要があることも知っておきたい。

① 100℃

焚き付けや着火剤などの火にさらされた薪は100℃前後で水分を放出。同時に、可燃性のガスを発生しはじめる。

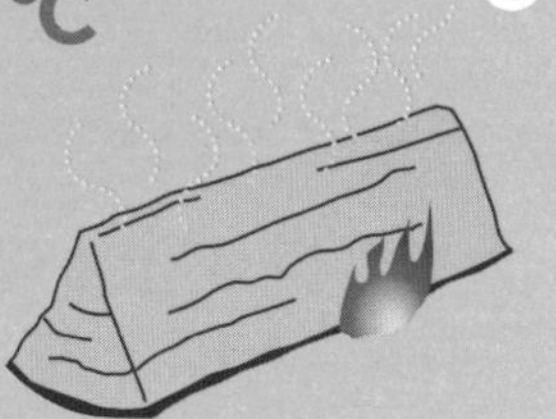

② 200℃

200℃を越えると、セルロースなどの炭素の分解が急速に進み、一酸化炭素、水素、炭化水素といった可燃性ガスを盛んに出す。

③ 260℃

260℃で可燃性ガスに引火し、薪の燃焼が始まる。300℃になると薪が割れて、可燃性ガスが噴出。薪の中の炭化が進む。

④ 600℃

熱分解が加速し、600℃以上になると炭化水素などの可燃性ガスが自然着火。この状態でようやく薪自体が炎を上げる。

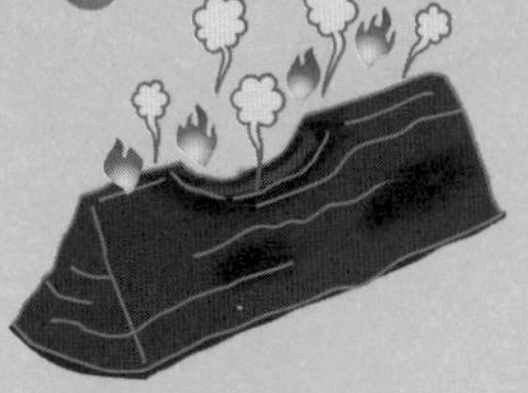

⑤ 700℃

700℃で可燃性ガスの放出が終了し、炎のない赤熱燃焼（熾火）がスタートする。ここまでくると、あまり酸素を必要としない。

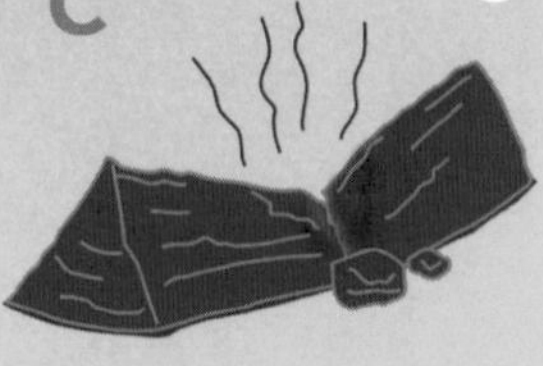

⑥

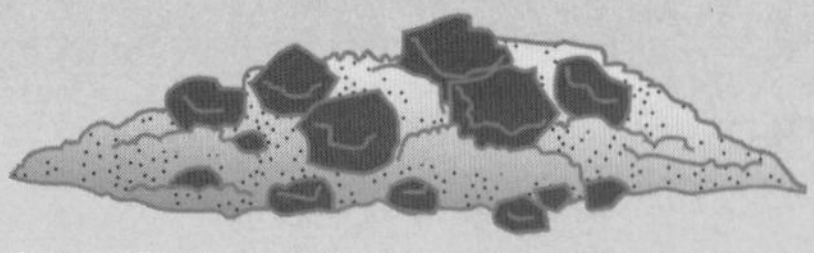

炭もほぼ燃え尽きて、燃焼が終了する。白い灰は燃えなかった炭素とミネラル。灰の上で再び焚火をすると効率よく着火する。

Part.03

焚火の応用

焚火をより実用的にする

焚火は、アイデアと工夫によってもっと実用的になる。

たとえば、焚火台だ。日本の多くの場所では、地面の上に直接火を熾すことは禁じられている。延焼のリスクが高い、地面にダメージを与える、美観を損ねるなど理由は様々だ。だから、焚火には焚火台が必要だ。

そんな焚火台には多くのタイプが存在するが、自分で作ることができるのを知っているだろうか？　焚火台から自分で手掛ければ、焚火の野性味と、サバイバルのリアリティが増すことは間違いない。他に、ポットハンガーやフックなど、焚火での調理をより便利にする小道具も、実は自分で作ることができる。

もちろん、手軽な既製品を購入する手もある。しかし、サバイバルの醍醐味を求めるならば、すべてを自力で作るのもいい。ここではそんな小道具を紹介しよう。

焚火台を自作する

日本のほとんどの場所では、直火での焚火が禁止されている。そこで必要になるのが焚火台だが、焚火台を自作できることを知っているだろうか？

自作焚火台の定番型

ボーイスカウトの間で愛用されてきた手製焚火台の基本形。
高床式なので地面にダメージを与えない。

「立ちかまど」を自作する

焚火愛好家の必須アイテムと言える焚火台だが、実は目新しいものではない。日本のボーイスカウトの間では、焚火によって地面にダメージを与えることを防ぐため、「立ちかまど」と呼ばれる焚火台が使われてきたからだ。立ちかまどを作れれば、直火が禁止されている場所でも焚火を熾せる。

枝と葉、土によって作られる立ちかまどは、野営地で集めた素材で作ることができる。横幅や高さも調整が可能で、実用性も抜群だ。せっかくサバイバルに挑むならば、焚火台の自作にも挑戦したい。

なお、立ちかまどにはいくつかのパターンがあるが、ここではもっとも基本的な様式を紹介する。

一般的な焚火台と同様、小さな熾火や灰が地面に落ちるため、実際に焚火を熾す際は防炎シートなどを敷くこと。また、燃え残りの処理は炭のそれと同様にしっかりと行う。

立ちかまど

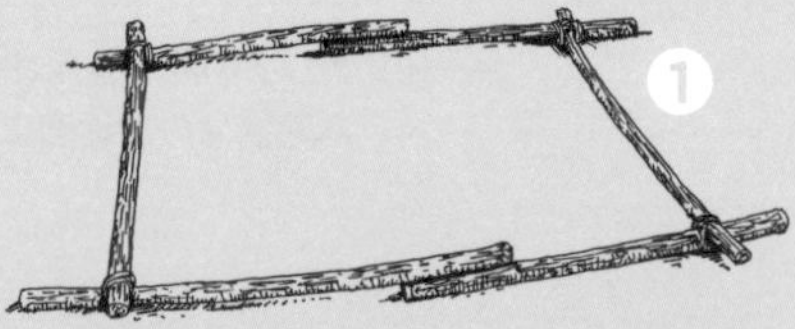

①

フレームを2つ用意

枝を結び合わせてコの字型にしたフレームを2つ用意する。イラストのように置き、2つの寸法が厳密に等しくなることを確認すること。交差箇所は麻ひもできつく結ぶ。

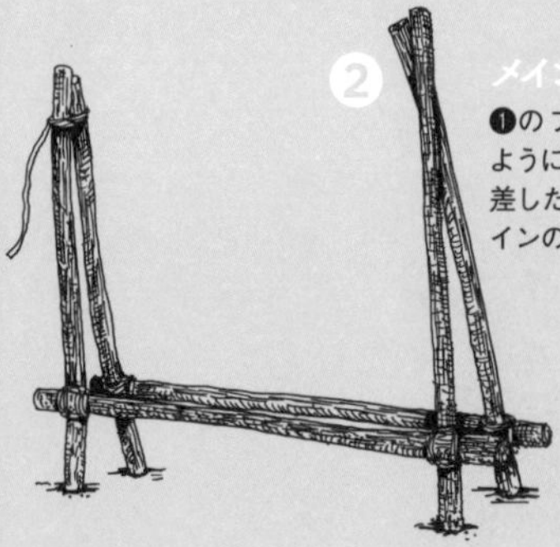

②

メインフレームを作る

❶のフレームをイラストのように組み合わせ、上部の交差した2点を結ぶ。これがメインのフレームになる。

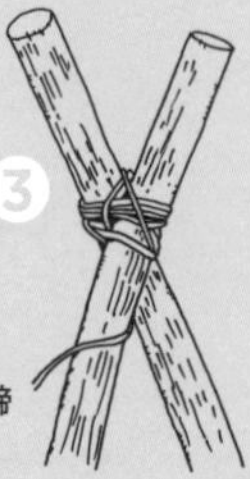

③

筋交い縛りにする

フレームの交差箇所は、きつく締め付けながら筋交い縛りにする。

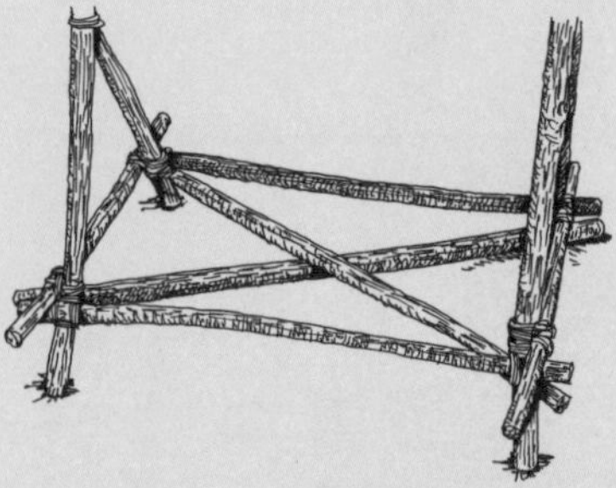

④

火床のフレームを作る

フレームが自立したら、次に火床を作る。枝で四角い底辺を作った後、対角にも枝を渡して補強する。

⑤ 火床に枝を並べる

火床となる面に短い枝を並べ、床縛りでフレームに固定する。すき間や凸凹が生じないように注意。

火床を完成させる

❺の枝の上に葉を敷きつめてから土を載せ、手で叩いて押し固める。土の厚みが3cm以上ないと土台が焼けてしまう。

⑥

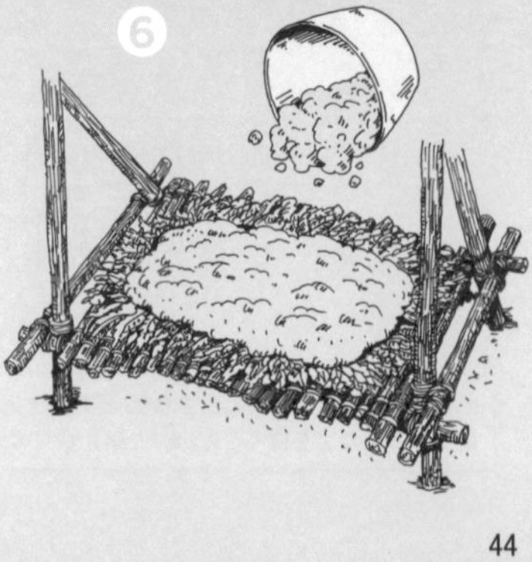

完成

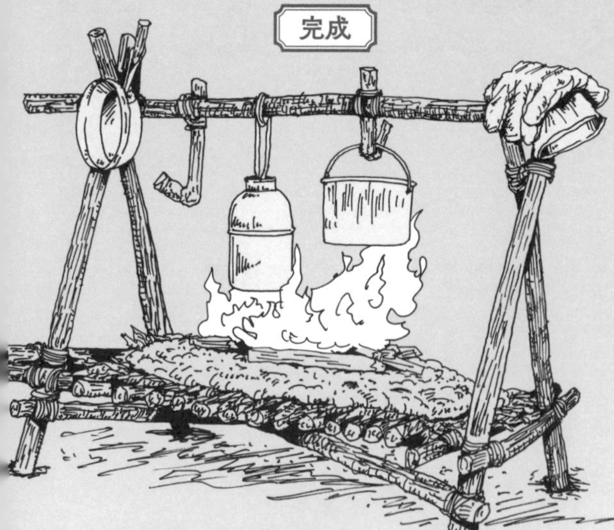

上部のフレームに調理具を吊るして調理することもできる。市販の焚火台よりも使い勝手は良い。

丸太で作る焚火台

丸太（倒木など）を加工すれば、焚火の燃料を兼ねた焚火台が作れる。
焚火台そのものが燃えるのだ。

ワンログロケットファイヤー

①

V字型のゴトクを作る

丸太を用意し、上面にノコギリでV字型の溝を掘る。ゴトクにするためだ。

②

ハンドドリルで縦穴を開ける

ハンドドリルを使い、❶のV字型の溝の底に穴を開けていく。丸太全体の2/3程度の深さの穴にする。

③

横穴を開ける

次に丸太を横倒しにし、横穴を開ける。❷の縦穴とつながるようにする。

④

横穴に固形燃料を入れる

丸太を横倒しにしたまま、横穴から縦穴の底に固形燃料を入れ、火をつける。火が安定するまで少し待つ。

⑤

丸太を立てる

火が安定したら、丸太をそっと立てる。火が丸太本体に燃え移るまで、必要に応じて細い枝などの焚き付けを中に入れる。

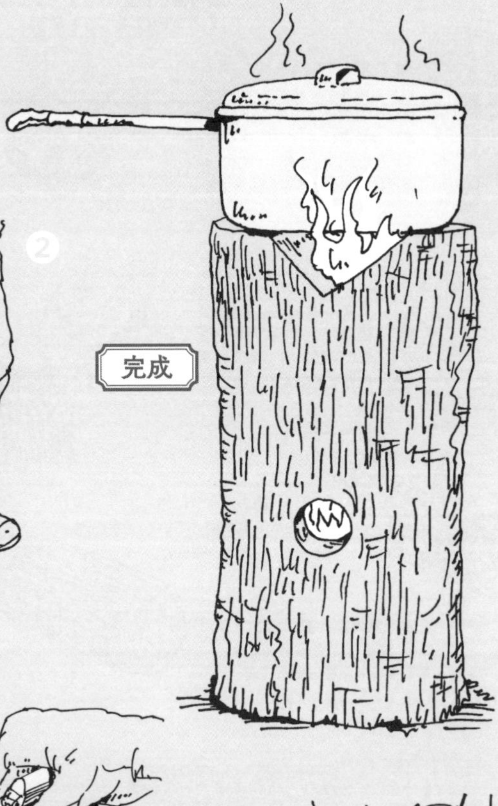

完成

トリログストーブ

3本の丸太が自らを燃料としつつ互いの熱で燃え続ける焚火台。調理にも向いている。

① 材料を用意する

腕ほどの太さの丸太3本とカスガイを3つ、金属製の火床となる「伸縮式の落とし蓋」が必要だ。工具としてノコギリと金づちも要る。

② 火床を挟む溝を掘る

丸太にノコギリで、火床となる金属製の落とし蓋を挟む溝を掘る。厳密に同じ位置に掘ること。

③ 火床を丸太にはめる

❷の溝に火床をはめこむ。3本の丸太で火床を囲む形になる。

④ カスガイで固定する

3本の丸太で火床を囲み、丸太上面をカスガイで連結する。火床に着火剤を置いて火をつけ、上に焚き付けを置いて火を大きくする。3本の丸太に火が移ればOK。カスガイはゴトクとしても機能する。

完成

3本の丸太で金属製の火床を挟み込む。こうすれば地面方向に火が燃え広がることはない。

ログロングファイヤー

定番の焚火型「ロングファイヤー」を丸太1本で再現したもの。火床となる丸太が熱を逃さない。

① 丸太の上面を平らにする

クッカーを安定して置くため、焚火台の上側になる丸太の側面をナイフで削り取る。

② 溝のガイドを掘る

丸太の溝を掘る前に、側面にナイフでWの字の形に切り込みを入れる。溝のガイドにするためだ。

③ ノコギリで溝を掘る

❷のガイドに沿って、ノコギリで溝を掘っていく。2本の溝ができたら完成だ。

④ 着火剤で火をつける

上面に着火剤を置いて火をつけ、焚き付けを載せる。丸太本体に火が移ったら完成。

完成

溝を掘った丸太を丸ごと焚火台にしてしまう。クッカーも安定するため調理にも向いている。

ワンログチムニー

中心が空洞の丸太が見つかれば、ぜひ試してみたい焚火台。あっという間に作れる。

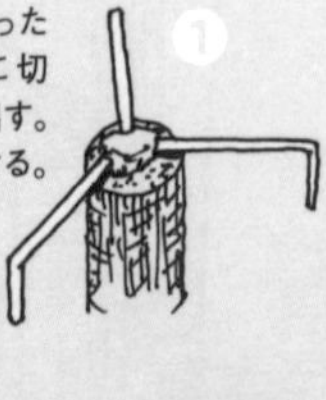

① 中心が空洞の丸太に脚をつける

中心が腐って空洞になった倒木を適当なサイズに切り、空洞の中身をかき出す。カスガイなどで脚をつける。

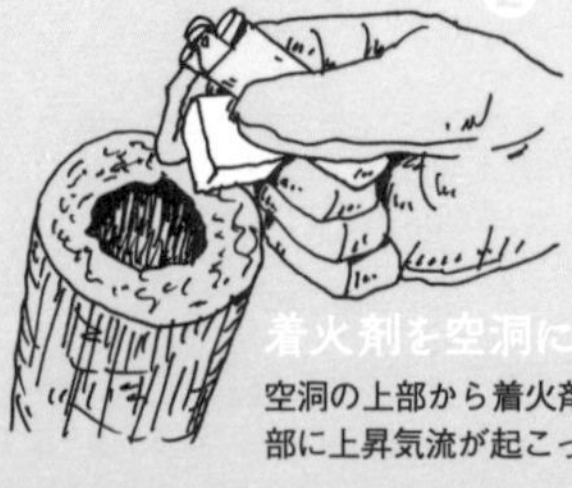

② 着火剤を空洞に入れて火をつける

空洞の上部から着火剤を入れ、火をつける。内部に上昇気流が起こって、よく燃えるはずだ。

完成

内部が空洞の丸太をカットし、カスガイなどで脚をつけてそのまま焚火台にしてしまう。もっとも簡単な焚火台だ。

物理現象を活用した自作焚火台

**人工的に上昇気流を発生させ、酸素をどんどん供給するロケットストーブ。
レンガで簡単に作ることができる。**

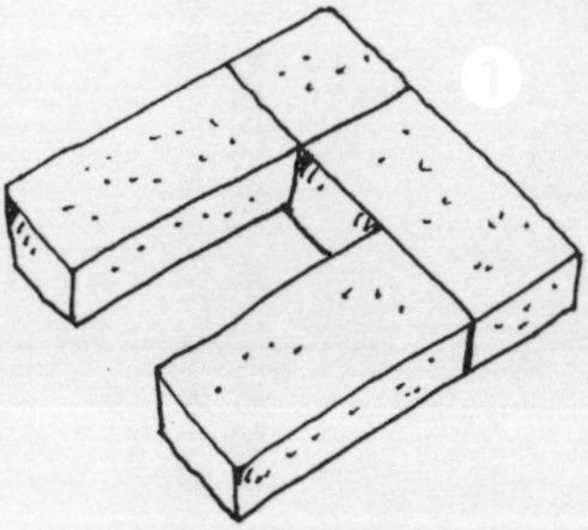

❶ レンガをコの字に並べる

JIS規格通常サイズのレンガ×3、その半分サイズのレンガ×1を「コ」の字に並べる。

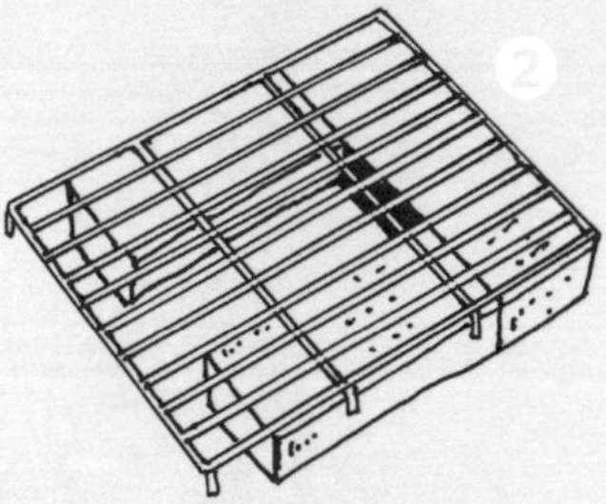

❷ バーベキュー用の網を載せる

❶の上にバーベキュー用の網を載せる。吸気室と燃焼室を隔てるためだ。

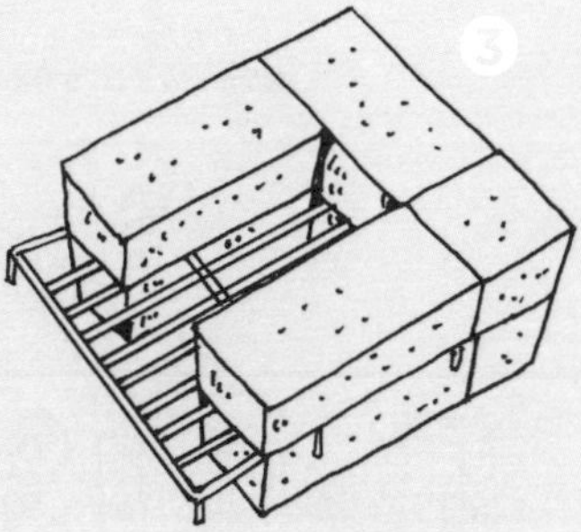

❸ レンガを積んでいく

続いてレンガを積んでいく。すき間を減らすため、半分サイズのレンガを置く場所を変える。

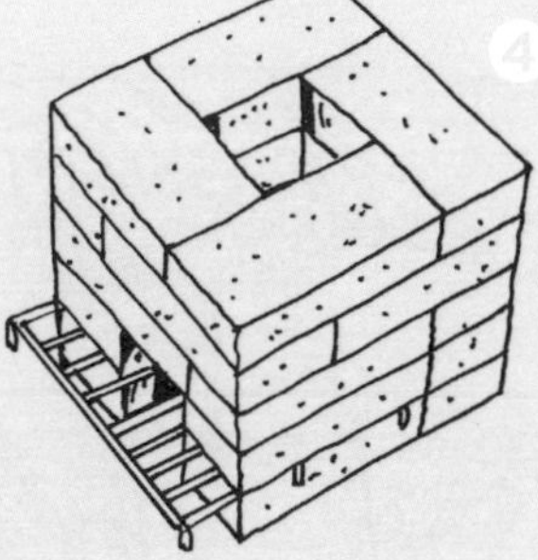

❹ ロの字に積む

3～5段目は、積むレンガの形を「ロ」の字にする。この部分が上昇気流が通るヒートライザーになる。

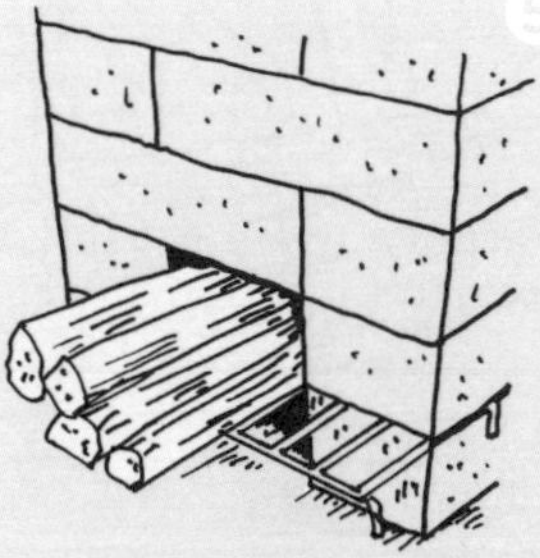

❺ 薪を入れて火をつける

❷の網の上に着火剤や薪を入れ、火をつける。上昇気流によって猛烈な炎が生まれる。

完成

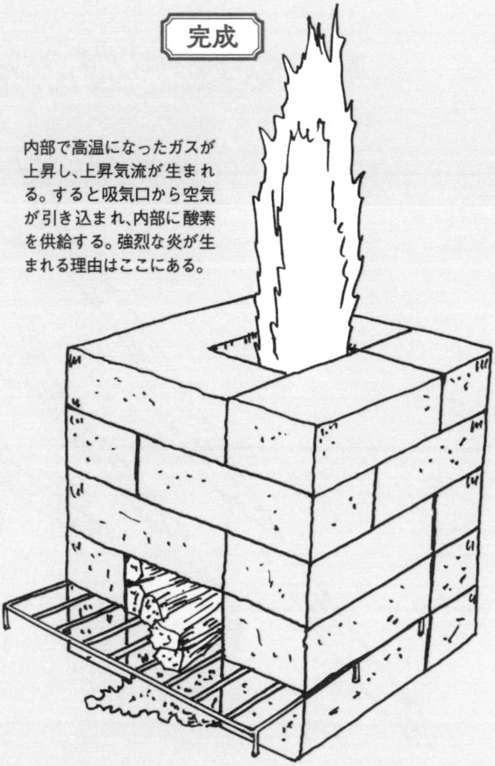

内部で高温になったガスが上昇し、上昇気流が生まれる。すると吸気口から空気が引き込まれ、内部に酸素を供給する。強烈な炎が生まれる理由はここにある。

焚火を活かす周辺工作

野営では、調理や暖をとるために焚火を使う。そんな野営での焚火の実用性を高めるためには、森で手に入る素材で作れる周辺工作が有効だ。

定番の2大工作を習得する

焚火料理の利便性を向上させるシングルスティックポットハンガーと、
熱効率を高めるファイヤーリフレクター。
決して難しくないが、焚火の実用性を飛躍的に上げてくれる。

シングルスティックポットハンガー

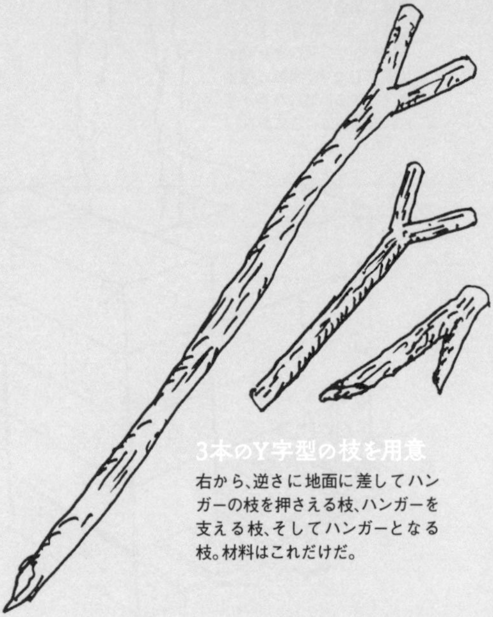

3本のY字型の枝を用意

右から、逆さに地面に差してハンガーの枝を押さえる枝、ハンガーを支える枝、そしてハンガーとなる枝。材料はこれだけだ。

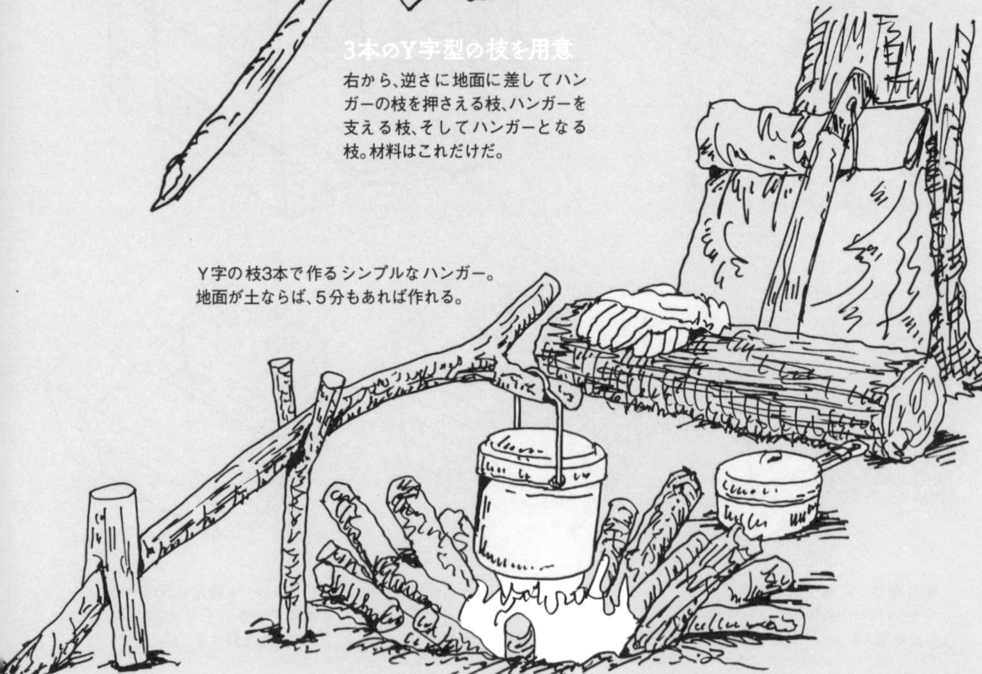

Y字の枝3本で作るシンプルなハンガー。
地面が土ならば、5分もあれば作れる。

ファイヤーリフレクターポットハンガー

焚火の熱を反射し、風から火を守るリフレクター。シェルターと併用し、焚火を挟む形で配置することで効果は倍増する。

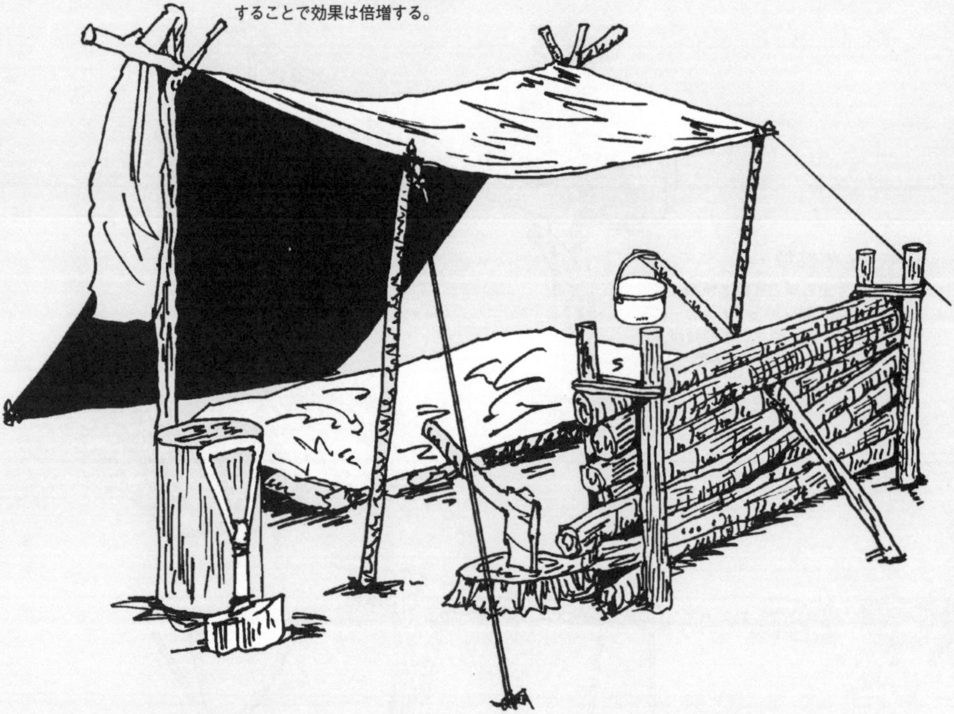

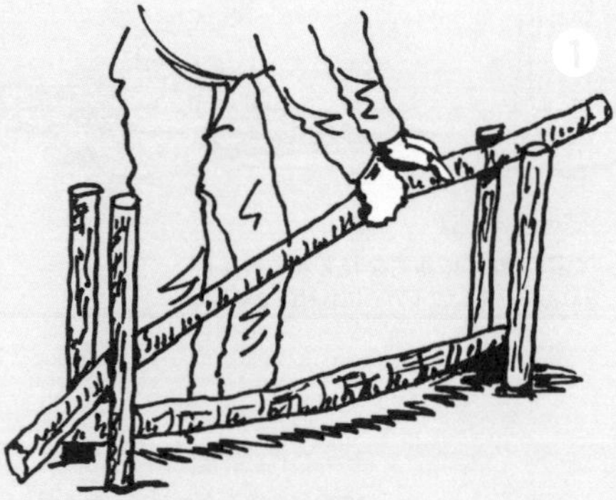

支柱を4本立てる

支柱となる4本の丸太の片方を鋭利に削り、地面に突き刺す。次に、その間に丸太や枝を入れていく。枝を2列にし、間に土を詰めると効果はさらに増す。

支柱同士を縛る

❶の枝が十分に積み上がったら、向かい合う支柱同士を縛り、リフレクターを強固にする。

基本のポットハンガーを習得する

Standard Skills

焚火での調理を助けるポットハンガー。まずは基本的な型を習得しよう。

Y字枝型

Y字型の頑丈な枝を地面に深く突き刺し、ポットハンガーにする。使いやすい形の枝が見つかるかどうかが最重要だ。

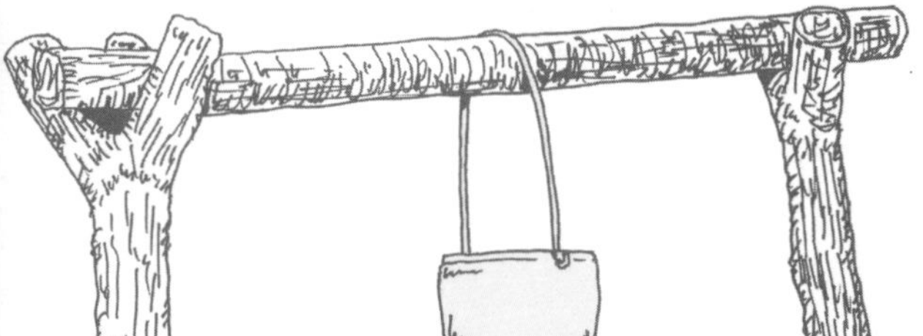

物干し竿型

Y字の枝2本に頑丈な枝を渡すポットハンガー。重いクッカーにも対応できる。

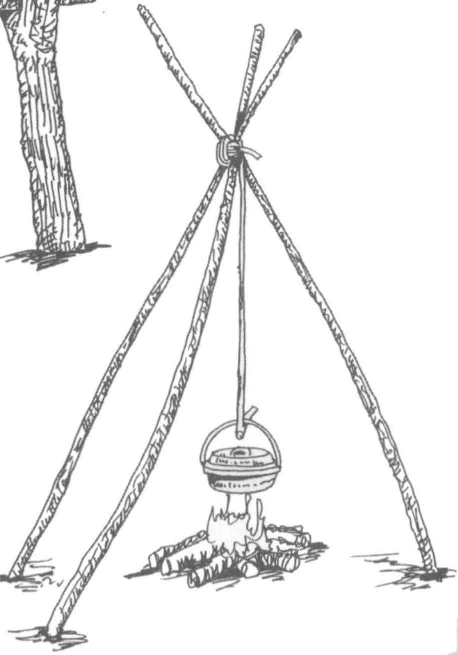

トライポッド型

3本の枝を組み合わせてトライポッドにする。そこから紐や植物の蔓によってクッカーを吊るす。クッカーと火の距離を調整しやすいのが強みだ。

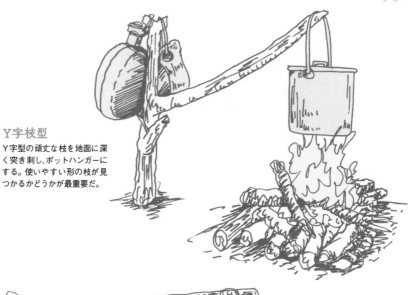

ポットハンガーを便利にするポットフック

Close Up

火とクッカーとの距離を調整するポットフックがあれば、
ハンガーはもっと実用的になる。

ステッピンポットフック

枝に刻んだノッチでクッカーの高さを調整する、シンプルなフック。1番下のノッチだけ方向が逆なのは、クッカーを吊るすためだ。

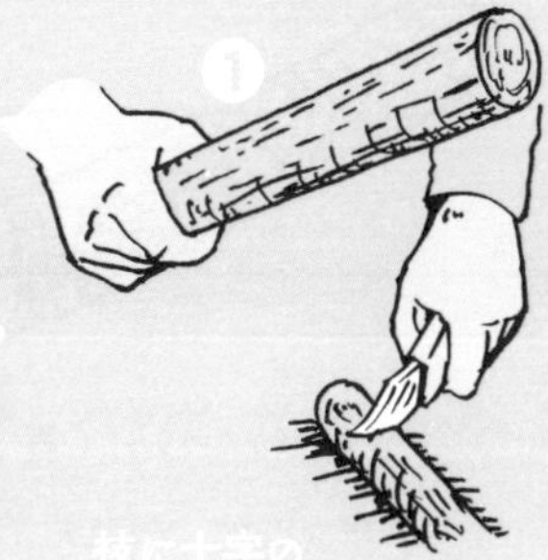

枝に十字の刻みを入れる

枝に、ナイフで深く十字の刻みを入れる。ノッチにするため、深く刻むのが重要。

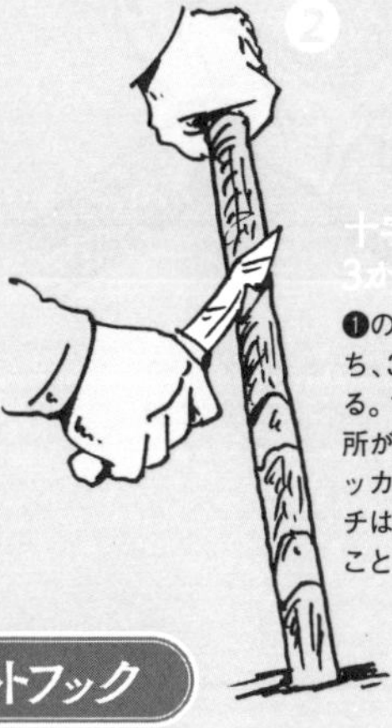

十字のうち3か所を削り取る

❶の十字の刻みのうち、3か所を削り取る。すると残った1か所がノッチとなる。クッカーを吊るすノッチは反対向きにすることを忘れずに。

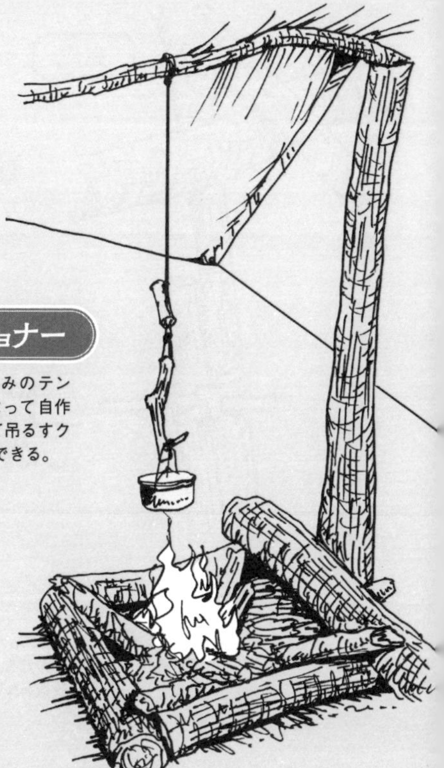

ウッドテンショナー

テント設営でおなじみのテンショナーも、木材によって自作できる。これによって吊るすクッカーの高さを調整できる。

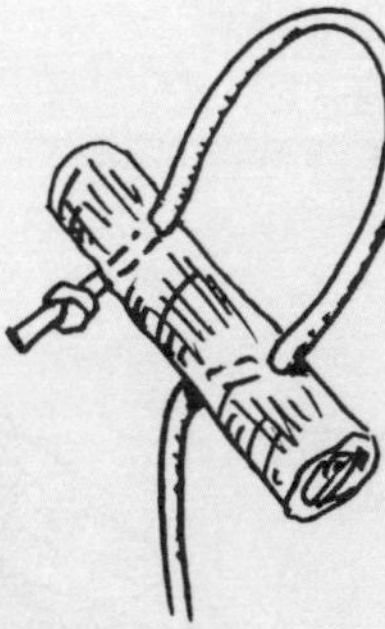

テンショナーの構造

テンショナーは木片に2つの穴を開けるだけだ。ロープを摩擦で押さえるため、片方の穴には傾斜をつけること。

フックも作れる

レの字型の枝があればそのままクッカーを吊り下げるフックになるが、なければ、枝に細い竹などを差してフックにする。

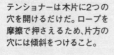

Vノッチトグルフック

いわゆるトルグ構造を用いてケトルやクッカーを吊り下げるもっとも簡単なポットハンガー。簡素だが実用性は高い。

②

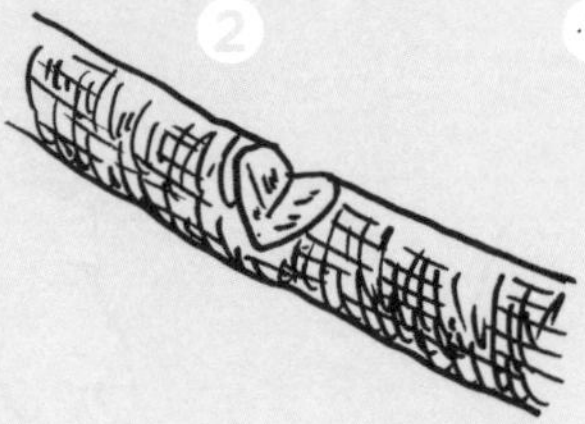

Vノッチの完成

Vノッチがこのくらいの深さになったら、クローブヒッチなどでロープを結ぶ。

①

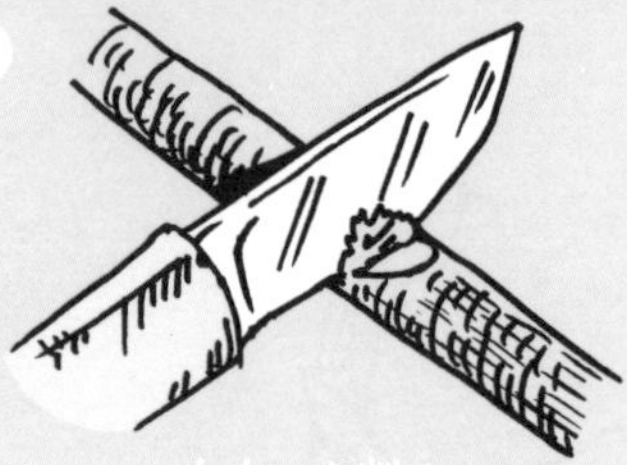

左右から削る

棒の中央にVノッチを刻む。左右から細かく刻んでいく。

完成

完成

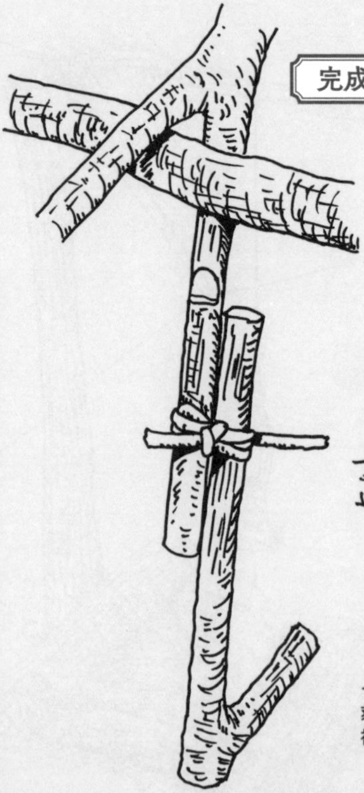

90°ラッチポットハンガー

ブッシュクラフトでよく見る、S字のハンガー。V字型の枝を２つ組み合わせてある。

②

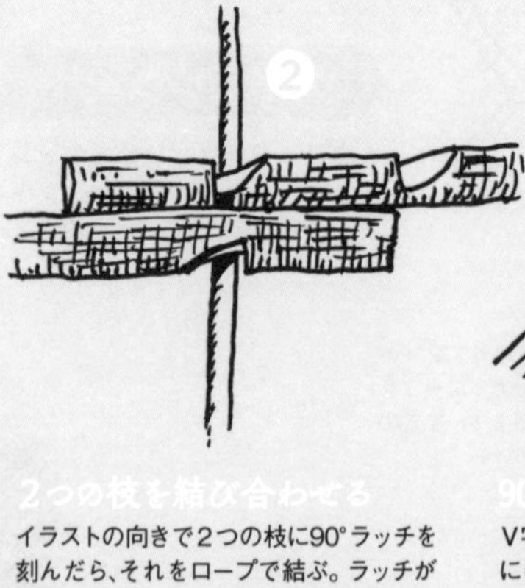

2つの枝を結び合わせる

イラストの向きで2つの枝に90°ラッチを刻んだら、それをロープで結ぶ。ラッチが複数あればハンガーの長さを調整できる。

①

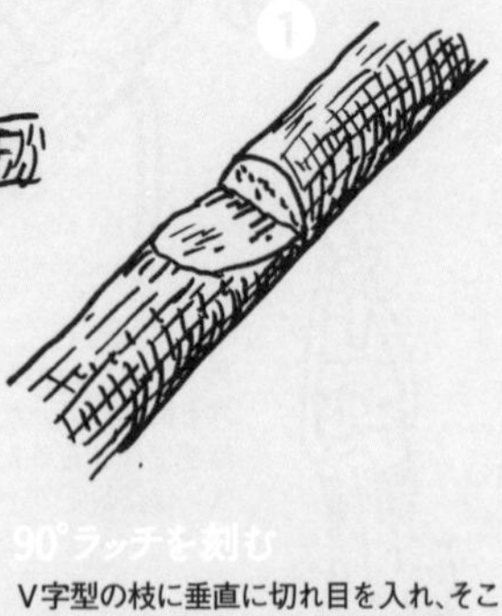

90°ラッチを刻む

V字型の枝に垂直に切れ目を入れ、そこに向かって掘り進んで枝に90°ラッチを刻む。上のVノッチとの違いに注意。

機能的なポットハンガーを構築する

Advance Skills

工作に慣れたら、高機能なポットハンガー作りに挑もう。野営での調理のレベルがさらに高くなるはずだ。

モビールポットフックハンガー

（スズキサトル考案）

移動できる自立式ポットフックハンガー。ブッシュクラフトに最適だ。

完成

①

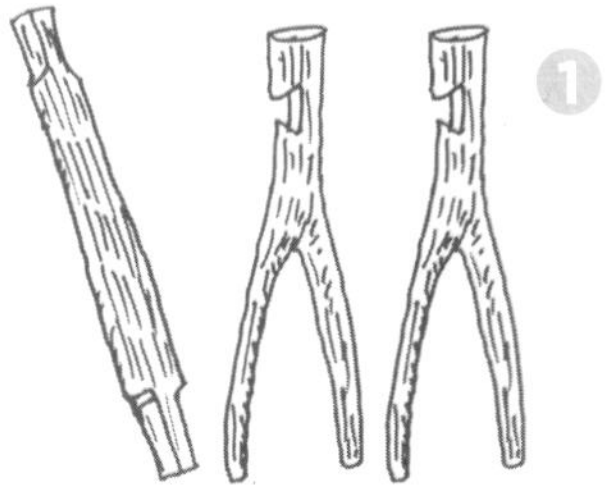

雌・雄ホゾを掘る

フレームとなるY字の枝2本とまっすぐな枝1本を用意し、イラストのように、Y字の枝には雌ホゾ、まっすぐな枝には雄ホゾを掘る。

②

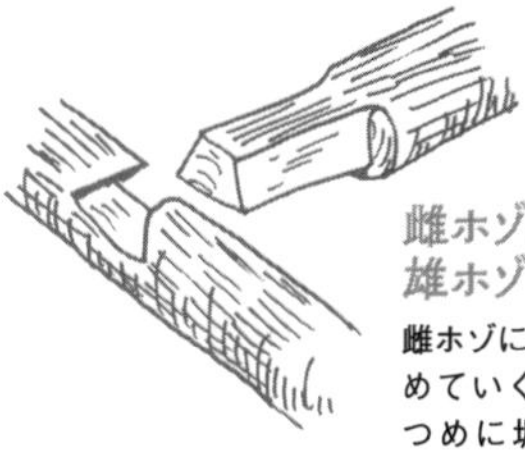

雌ホゾに雄ホゾをはめる

雌ホゾに雄ホゾをはめていく。ホゾはきつめに掘り、叩いて挿入するとよい。

③

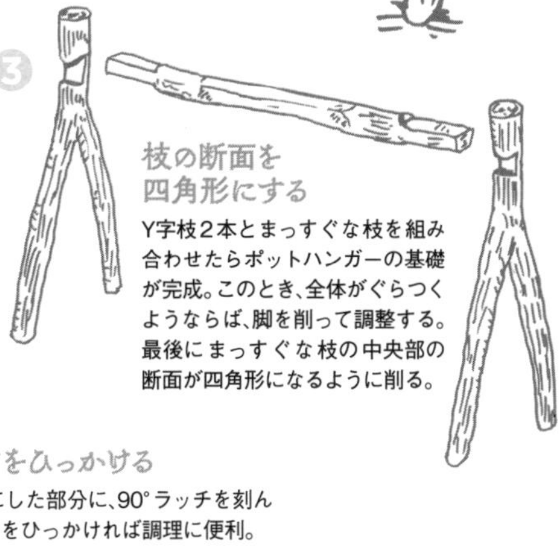

枝の断面を四角形にする

Y字枝2本とまっすぐな枝を組み合わせたらポットハンガーの基礎が完成。このとき、全体がぐらつくようならば、脚を削って調整する。最後にまっすぐな枝の中央部の断面が四角形になるように削る。

④

ポットフックをひっかける

断面を四角形にした部分に、90°ラッチを刻んだポットフックをひっかければ調理に便利。

バーティカルモーションポットクレーン

**支柱の頭のホゾを扇形にすることで、
アームを上下動させられるクレーン。火力調整が容易だ。**

Advance Skills

完成

❶

太くて頑丈な枝を選ぶ

シンプルな構造ゆえ、支柱、アーム共に頑丈な枝を選びたい。支柱は地面に深く刺したいので、長いものを選ぶこと。

❷

アームにホゾ用の穴を掘る

アームの中央からやや後方よりに、ホゾを差し込む穴を掘る。また、アームの先端にはポットをひっかけるフックも掘る。

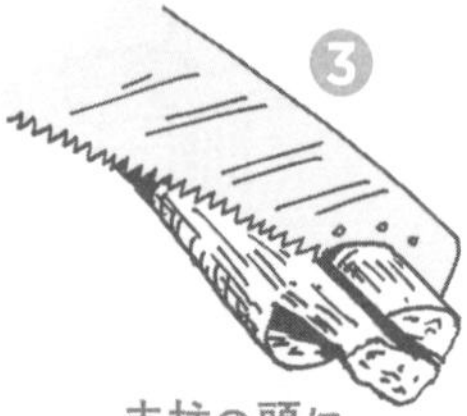

❸

支柱の頭にホゾを掘る

ノコギリを使い、支柱の頭に凸状のホゾを作る。このホゾを支点にアームが動くことになる。

❹

ホゾを扇形にする

❸のホゾを、ナイフで扇形にする。アームが上下に動けるようにするためだ。

❺

ホゾを穴に挿入する

❹のホゾを、❷のホゾ穴に挿入する。ホゾが扇形なので、アームは固定されず上下動が可能だ。

❻

アームを縄で支柱と結ぶ

イラストのように、アームの後端を、麻縄などで支柱と結ぶ。縄の長さによってアームの角度を変え、火力調節が可能だ。

ラスティックスウィンギングクレーン

Advance Skills

欧米のボーイスカウトシーンでは定番の、火力調節がしやすい便利なクレーン。支柱さえしっかりしていれば意外と重いポットでも耐えられる。

完成

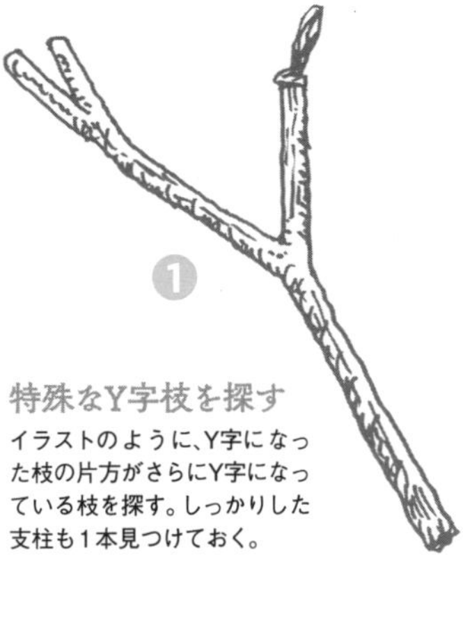

❶

特殊なY字枝を探す

イラストのように、Y字になった枝の片方がさらにY字になっている枝を探す。しっかりした支柱も1本見つけておく。

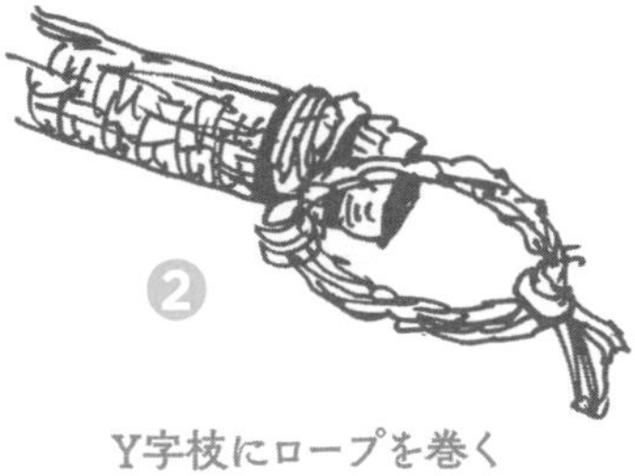

❷

Y字枝にロープを巻く

Y字枝のY字になっていないほうに、イラストのようにロープを巻く。このループに支柱を入れてY字枝全体を支える。

COLUMN

野外炊飯の極意

野外メシの基本となる炊飯だが、玄人でも固いガンダ飯を炊いてしまうことがあるくらい難しい。とはいえ、常に一定水準の炊飯を行う炊飯器があるように、押さえるべきポイントさえ押さえれば失敗はしないものだ。そのための手順を、キーワードと共に以下に解説しよう。

以下の手順以外で知っておきたいポイントとしては、鍋蓋を透明のものに交換して内部の変化が見えるようにすることと、米に対する水の量(1.1〜1.5倍程度)は目測ではなく、重量で測ることが挙げられる。予め家で測っておいて、米の量に対してどの程度水を入れればよいか確認しておこう。

Step 1 浸水

水にしっかりと浸けるのが美味い飯を炊く最初のポイントだ。最低でも30分は浸けたい。なお、40℃程度の湯に浸けると、浸水時間を半分に短縮できる。

Step 2 温度上昇期

十分に浸水したら、強火で一気に沸騰までもっていく。噴きこぼれを恐れる必要はない。

Step 3 沸騰期

米から泡が出てきたら沸騰期だ。できれば中火に落としたいが、そのまま経過を見守ってもいい。火力が上がらなければ5分ほどで泡が落ち着くはずだ。

Step 4 蒸し煮期

泡が収まったら蒸し煮に入る。熾火などの弱火で15分は蒸したい。

Step 5 蒸らし期

蒸し煮を終えたら火から下ろし、15分ほど蒸らす。蒸らすことで水蒸気が白米に戻り、ふっくらした飯になる。

Step 6 ほぐし

蒸らしを終えたら、飯をさっと混ぜる。余計な水分が蒸発し、飯が均質に仕上がる。

Part.04

シェルター構築の基本

命を守るシェルター

　野生の環境で命を守るためには、何が必要だろうか。
水？　食料？　それとも火？　それらはもちろんだが決して忘れてはいけないものがもう1つある。それがシェルターだ。

　雨、風、寒さから身を守ってくれるシェルターは、生き延びるためには欠かせない。遭難の主な原因になっている低体温症も、寒さに長時間さらされることで引き起こされるのだ。低体温症に陥った人間は心身ともに消耗し、ザックから防寒具を取り出せないほど消極的な思考に支配されてしまう。命は風前の灯火だ。

　そんな事態を防ぐためには、素早く、適切なシェルターを作ることだ。環境の中で使える材料を用い、生き延びるための心地よい空間を作ろう。

サバイバル「3」の法則

**酸素がないと
3分で死ぬ**

**寒さ・暑さにさらされると
3時間で死ぬ**

**水がないと
3日で死ぬ**

**食料がないと
3週間で死ぬ**

人間は、酸素がない状態が３分続くと死ぬ。また、極端な寒さ・暑さにさらされると３時間で死ぬ。一方で、食料がなくても、水さえあれば３週間は生き延びられる。これが有名な「３」の法則だ。

酸素がなくなるような緊急事態は特殊事例なので、いったん除外しよう。また、無くても３週間生きられる食料についても、後に回そう。そう考えると、サバイバル環境で生き延びるためにもっとも重要なのは寒さ・暑さから身を守るシェルターであることがわかる。リアルなサバイバルには、シェルターが欠かせないのだ。

タープ設営の基礎技術

寝床作りの基本技術を、タープ設営の定番である「ダイニングフライ」を例に紹介。他の設営法にも応用できる、タープ設営の流れと要点を押さえたい。

タープ設営の流れ

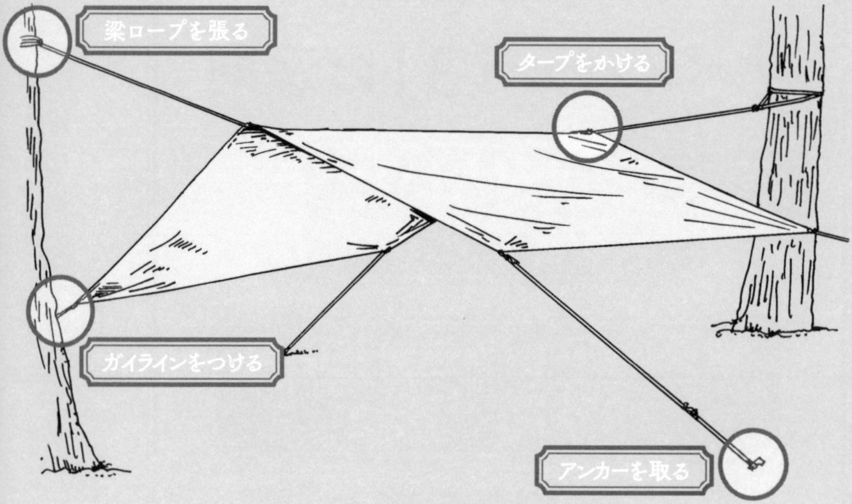

梁ロープを張る

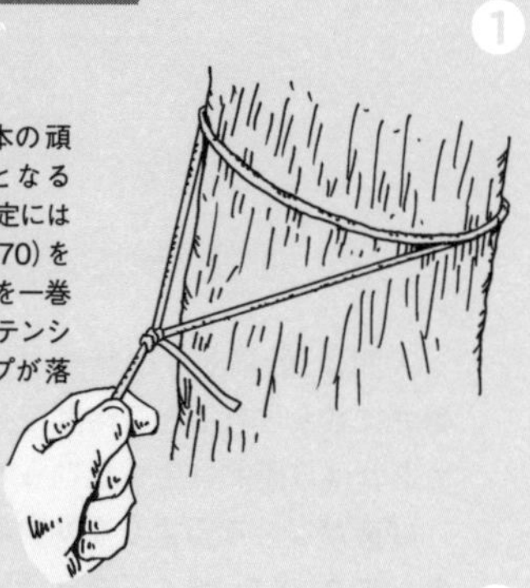

ボウラインノットで片側を固定

適切な間隔で立つ2本の頑丈な立木の1本に梁となるロープを固定する。固定にはボウラインノット（P70）を用い、その際にロープを一巻き余計に木に巻くと、テンションが抜けてもロープが落ちず作業しやすい。

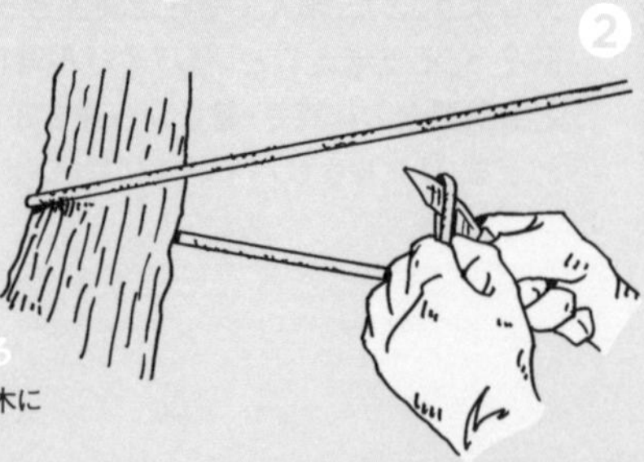

ちょうどよい長さで梁ロープを切る

テンションをかけた状態で、もう一方の立木に一巻き以上できる長さで梁ロープを切る。

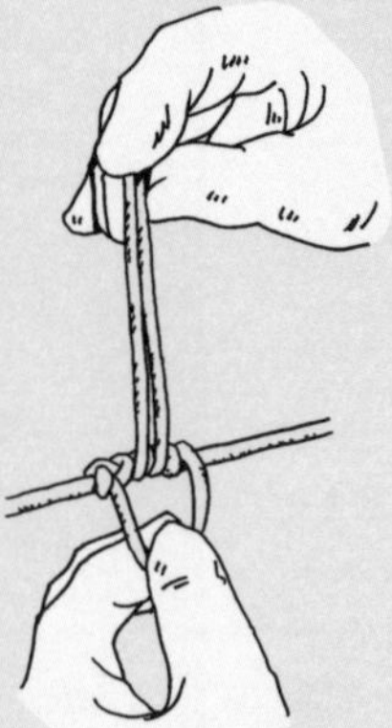

スリングを用いプルージックを作る

余ったロープなどで直径20cmほどのスリング（環）を作り、それを梁ロープが木に結ばれる直前で、プルージック（P71）によって結ぶ。スリングはダブルフィッシャーマンズノット（P70）で作る。

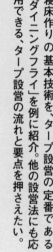

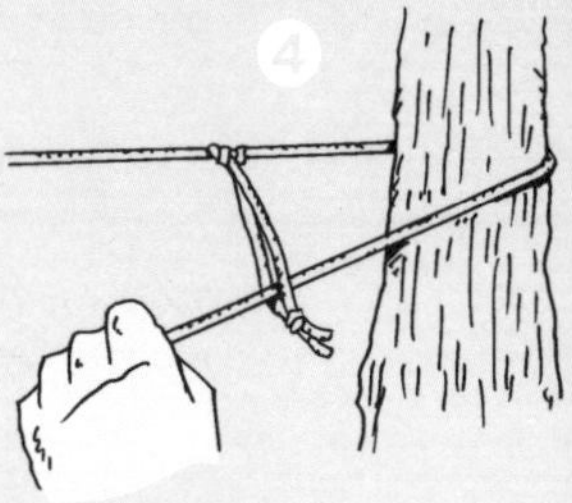

梁ロープをプルージックに通す

❷で切断した梁ロープの先端を❸のプルージックに通す。

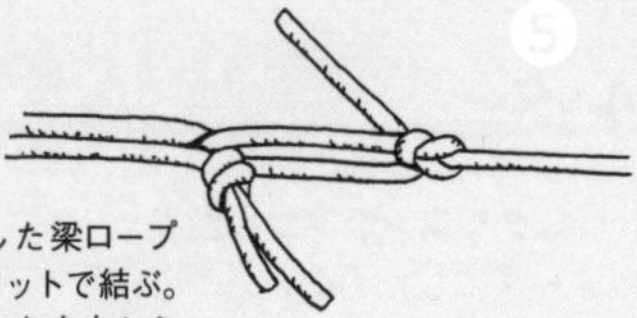

梁ロープにテンションをかける

プルージックに通した梁ロープ末端をボウラインノットで結ぶ。その後プルージックを立木から離れる方向に引くと、梁ロープにテンションがかかる。

タープをかける

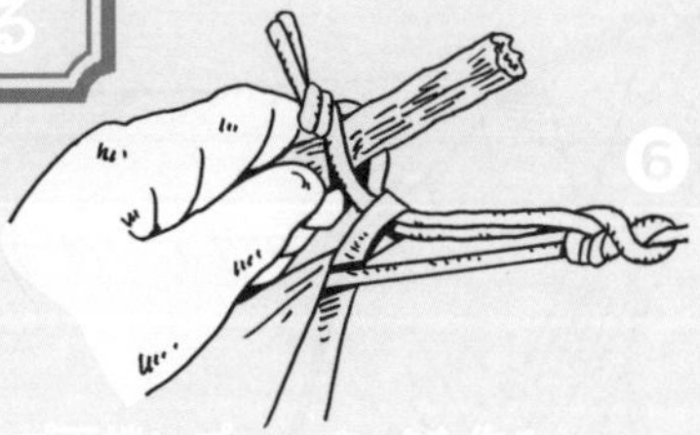

梁ロープ両端にプルージックを作る

梁ロープにタープをかける。そのままではタープがたるむので、テンションをかけるため、梁ロープの両端（タープの両端付近）にそれぞれプルージックを作り、適当な枝をトグル替わりにしてタープと連結する。

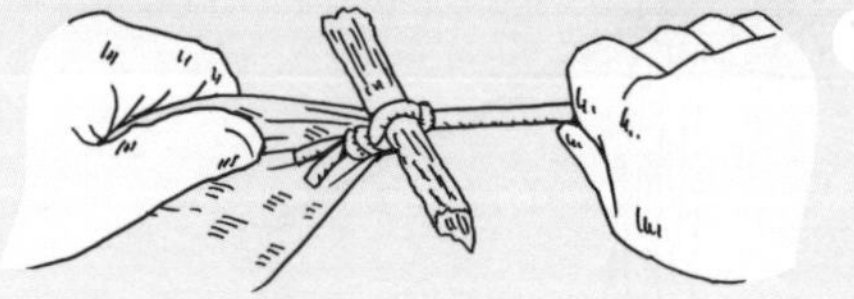

プルージックを引いてタープにテンションをかける

❻のプルージックのどちらかを引くとタープにテンションがかかる。両方のプルージックを動かせばタープの位置を調整できる。

ガイラインをつける

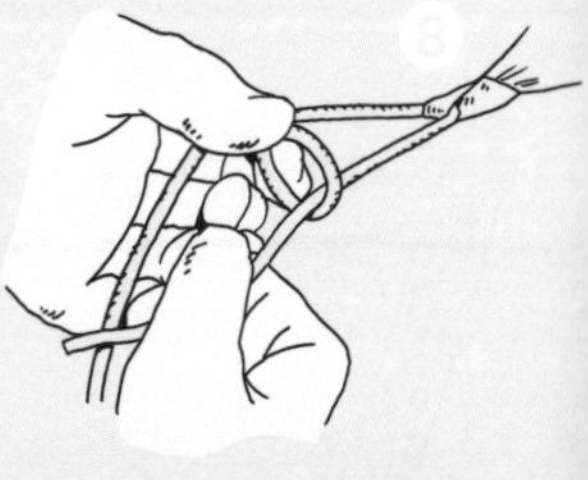

ガイラインをタブに固定する

余ったロープを3mほどの長さに切り、タープの四隅を張るガイラインを作る。ガイラインはタープ四隅のタブにボウラインノットで結ぶ。

アンカーを取る

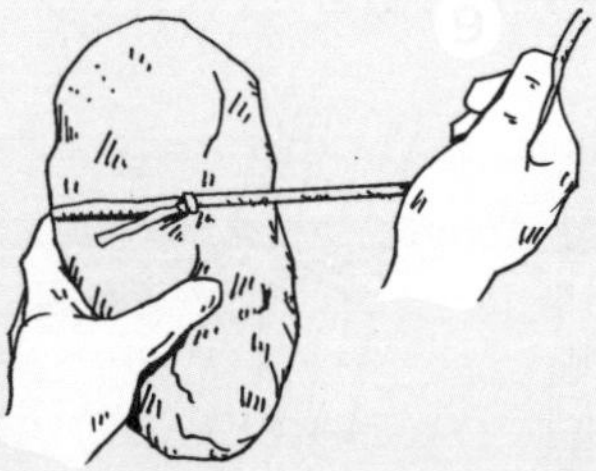

石などをアンカーにする

タープを固定するためのペグダウンには色々な方法があるが、大きな岩があれば、そこにロープを巻いてアンカーにすることができる。ただし、強風下では板ペグなどを使いたい。

生きるための心得

アンカーを現地調達する

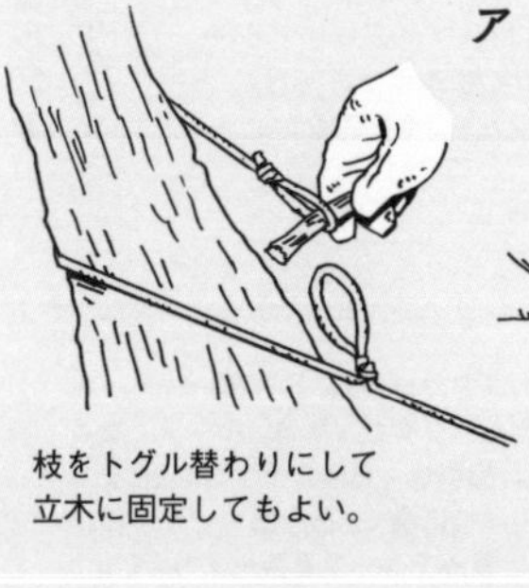

枝をトグル替わりにして立木に固定してもよい。

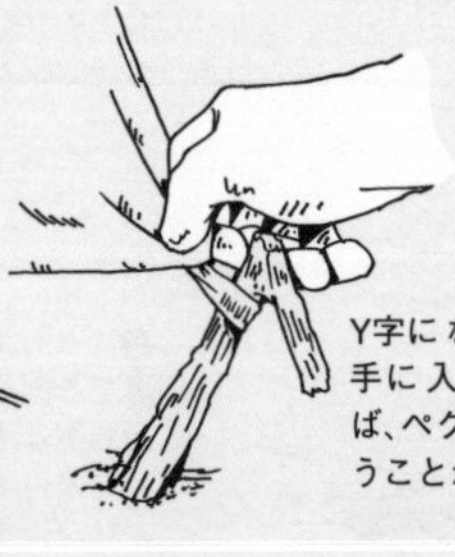

Y字になった枝を手に入れられれば、ペグとして使うことができる。

草や笹が生えていれば、それらをクローブヒッチ（P72）で束ねたものがアンカー替わりになる。

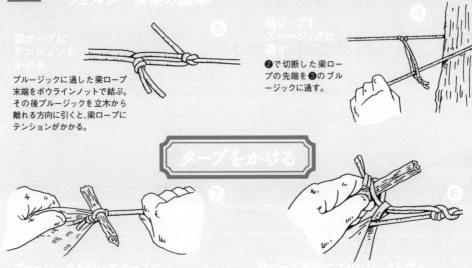

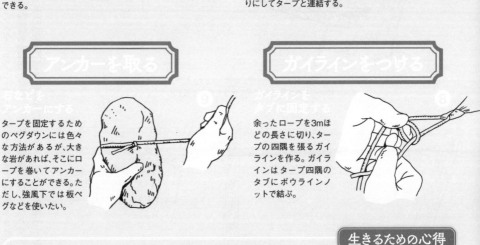

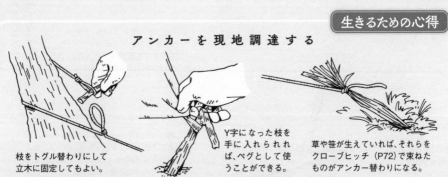

タープ設営の基本

ダイニングフライでタープ設営の基本を理解できれば、他のタープ設営も容易になる。ここでは定番のリーントゥシェルターと、その発展形であるAフレームシェルターを作ってみよう。

リーントゥシェルター

定番のスタイルであるリーントゥシェルターは、ダイニングフライ型のルーフの一方を地面にペグダウンしウォールにしたものだ。

片側にウォールがあるリーントゥシェルター。また、イラストの丸太の寝床は傾斜のある地面でも水平な寝床を作れる優れもの。

1

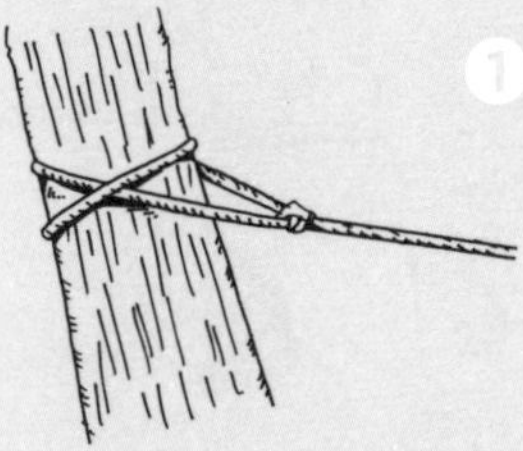

立木にロープを結ぶ

結び方はなんでもよいが、ザラついた木肌ならロープが滑りにくいため、木にきつく巻きつけるだけのノーノットアンカーでも問題ない。

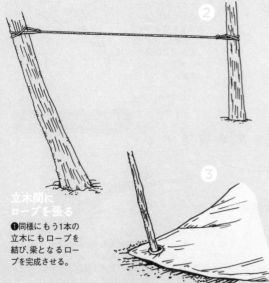

2

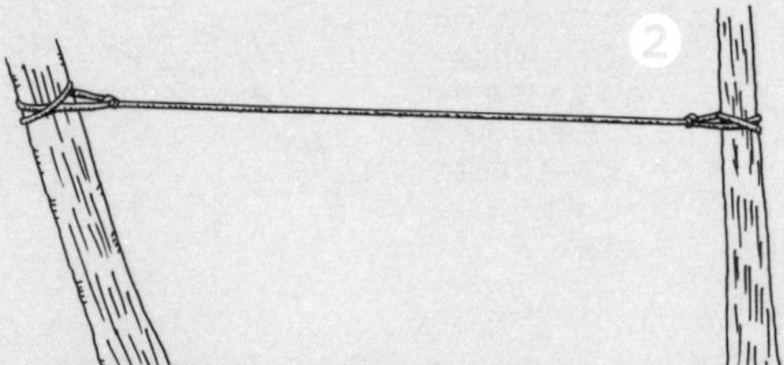

立木間にロープを張る

❶同様にもう1本の立木にもロープを結び、梁となるロープを完成させる。

3

ウォールをペグダウンする

❷にタープをかけ、枝などを使いウォールとなる側をペグダウンする。ルーフになる反対側は、細引き（細めのナイロン紐）をつけて適当な枝に巻く。石を結んでから枝にかけ、石の重みでルーフを張ってもよい。

Aフレームシェルター

これも基本形だが、リーントゥシェルターの両側を地面にペグダウンしたものであることがわかる。天候や環境に合わせてアレンジしたい。

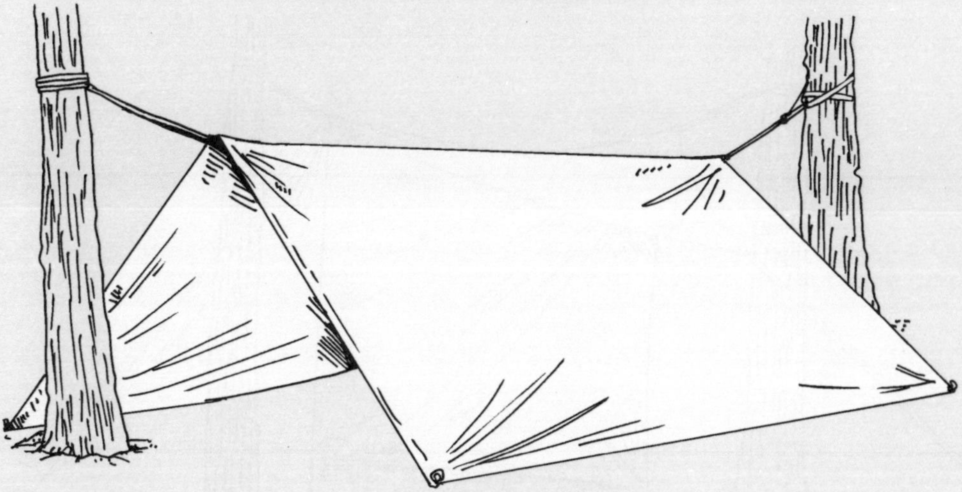

ポールを使って設営することもできるが、ここでは立木を使った簡単な設営法を紹介する。

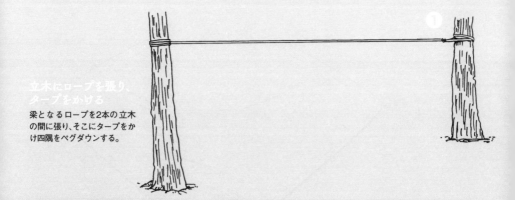

立木にロープを張り、タープをかける

梁となるロープを2本の立木の間に張り、そこにタープをかけ四隅をペグダウンする。

生きるための心得

Aフレームシェルターはシンプルなだけに調整の幅が広い。まず、風を避けるためには開口部の方向を風向きと垂直にしたい。また、梁を斜めに張り、一方の開口部が低いシェルターにしてもよい。さらには、ルーフを折り込んで地面にグラウンドシートを設けると、荒天時などの緊急避難に向いたボディバッグシェルターになる。

アディロンダックシェルター

ブッシュクラフターの定番であるアディロンダックシェルター。
リーントゥシェルターに側壁とルーフを設け、熱を抱き込めるようにしたものだ。

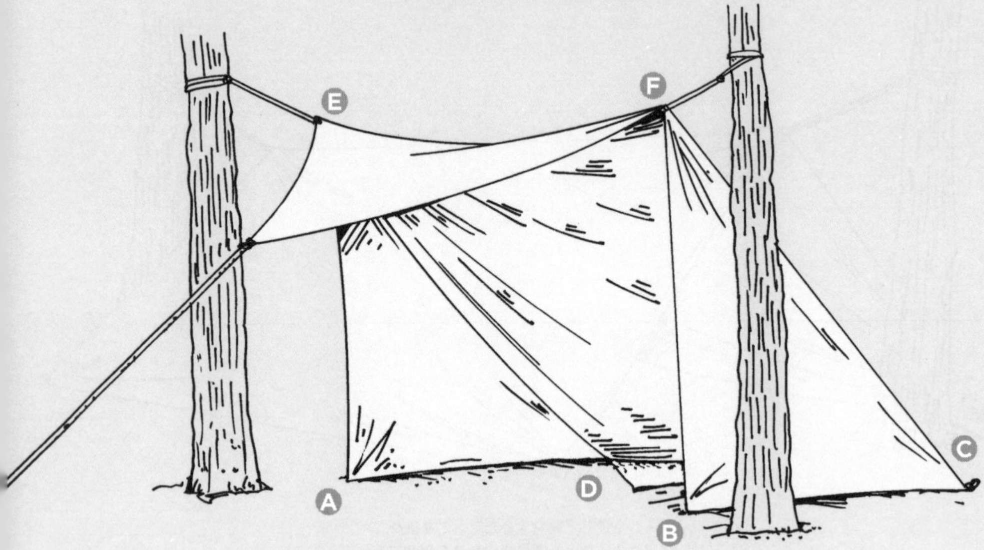

側壁があることと、タープの角部分をルーフにしているのが特徴だ。雨風に強く、熱も溜め込んでくれる、快適なシェルターになる。

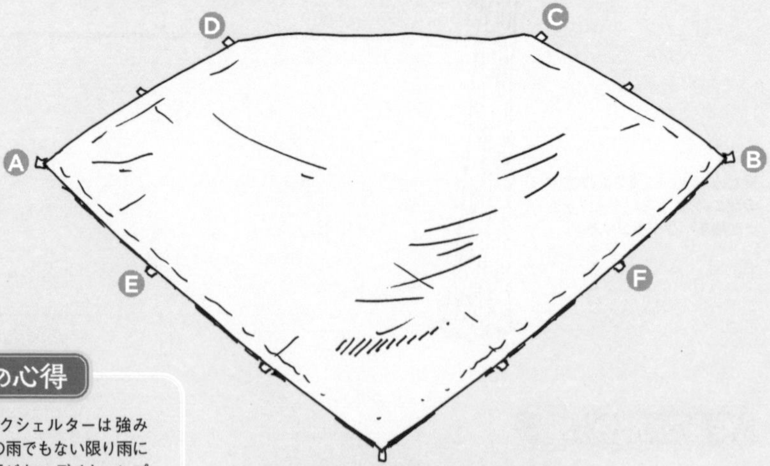

他のシェルターとは異なり、梁ロープに対して45°ずらして設営するのがポイント。梁ロープにかけるのはⒺ-Ⓕのラインだ。Ⓒ-Ⓓは背後のウォールおよびグラウンドシートになり、ⒶとⒷはイラストの手前に向かって90°折り込み側壁にする。

生きるための心得

アディロンダックシェルターは強みが多い。横殴りの雨でもない限り雨にも強く、寝る必要がないデイキャンプなら大人2名が横並びで食事を楽しむこともできる。開口部は大きいが、ここに焚火を置けば夜も暖かく眠れる。

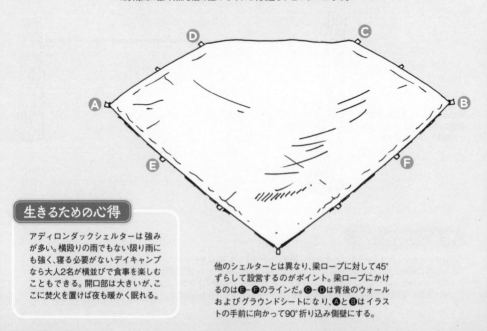

Cフレームシェルター

焚火を前提としたこのシェルターは、焚火の暖を
包み込むような形状になっている。風向きには注意したい。

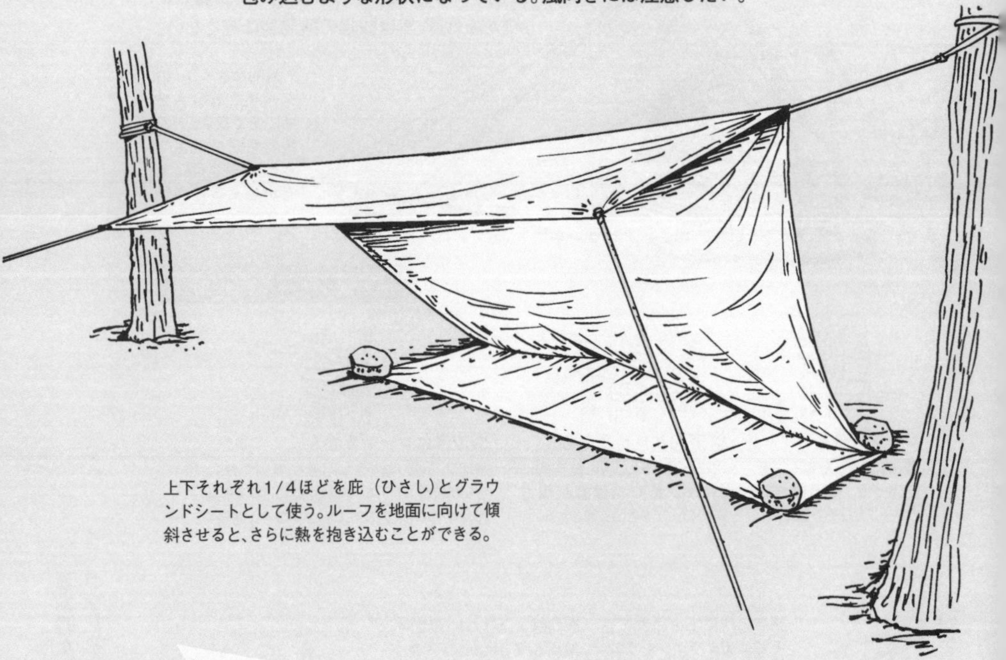

上下それぞれ1/4ほどを庇（ひさし）とグラウンドシートとして使う。ルーフを地面に向けて傾斜させると、さらに熱を抱き込むことができる。

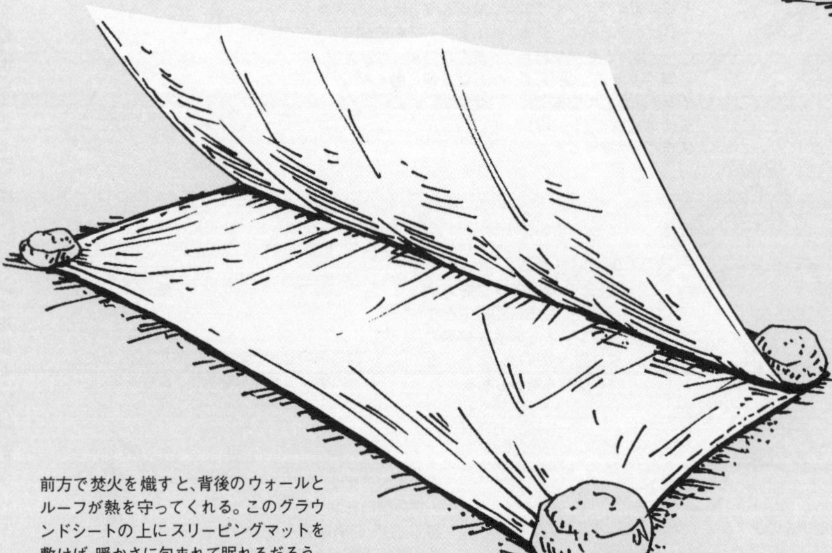

前方で焚火を熾すと、背後のウォールとルーフが熱を守ってくれる。このグラウンドシートの上にスリーピングマットを敷けば、暖かさに包まれて眠れるだろう。

タープ設営の応用技術

基本的なシェルター設営に慣れたら、2本の枝を繋げた「バイポッド」を骨格とする、より機能的なシェルターにも挑もう。

タープテント

テント並みの居住性を誇る、さまざまな天候に耐えられるシェルター。ペグダウンの位置さえつかめれば、実は設営の難易度は高くない。

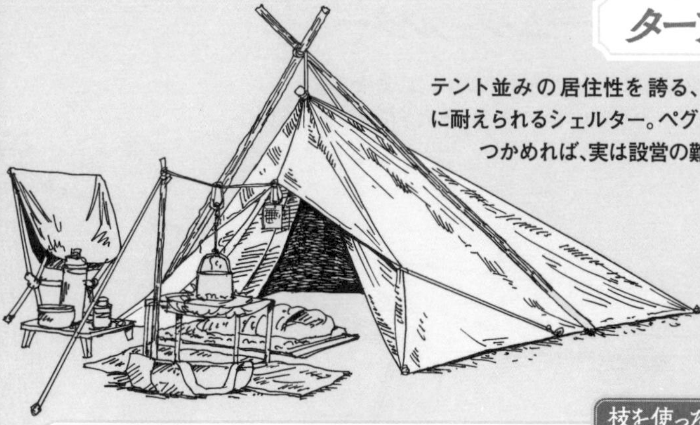

一般的な3×3mのタープでも大人2名で使えるくらいの居住空間を確保できる。居住空間は上空から見ると台形になっている。

枝を使ったバイポッド作り

① 横方向にロープを巻く

適切な長さの枝を2本用意し、並べておく。どちらかの枝（イラストでは右）にロープを結んで起点を作り、横方向にロープを3〜4回巻く。

② 縦方向にロープを巻く

次に、イラストのように縦方向にもロープを3〜4回巻き、横方向のロープをきつく押さえる。

③ ロープを留める

最後に、余ったロープを起点がないほうの枝にクローブヒッチで留める。

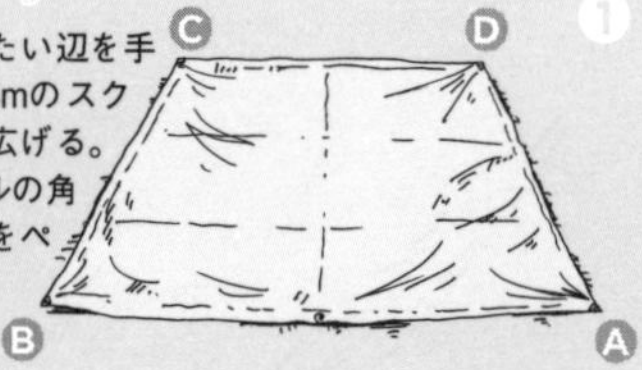

① タープを広げる

開口部を設けたい辺を手前にして3×3mのスクエアタープを広げる。後方のウォールの角となるⒸとⒹをペグダウンする。

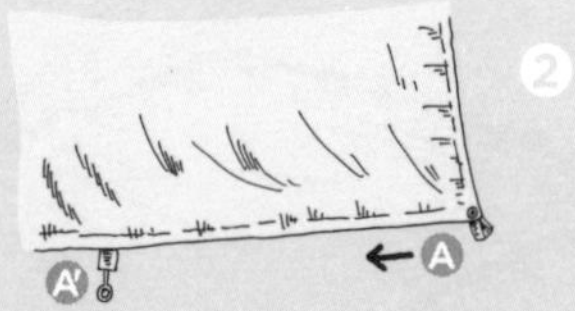

② 開口部をペグダウンする

開口部の辺の、Ⓐから1/4ほど内側に入ったⒶ'の位置で角Ⓐをペグダウンする。

③ タープの頂点を決める

四隅をペグダウンしたら、タープの開口部寄りの中央を持ち上げ、四隅に対して均等な張りを得られる場所を探す。この頂点をバイポッドで吊るし上げる。

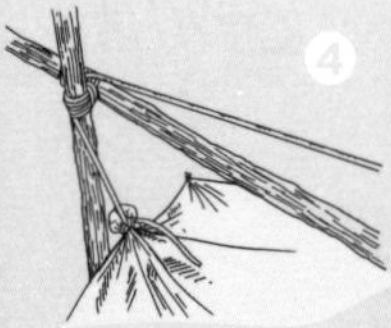

④ タープを吊るし上げる

頂点の中に石を入れて、そこにガイラインをクローブヒッチで結ぶ。2本のバイポッドをやや前方に傾くように設置し、ガイラインをその交差部に掛けて後方に引っ張り、地面にペグダウンする。

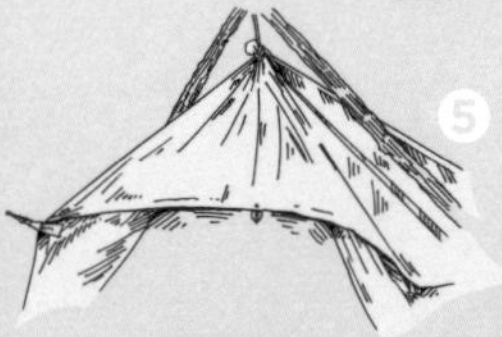

⑤ 開口部のたるみを張る

開口部がたるんでいるので、その両側のタブをガイラインで後方に引いてペグダウン。シェルター側面のタブにペグダウンすると本体の固定も兼ねられる。

⑥ ルーフを作る

開口部中央のタブをガイラインで前方に引いてペグダウンし、ルーフを作る。ページ最上部のイラストのようにポール等を用いてガイラインを水平に引けると、そこにランタンなどの小物を下げることも可能だ。

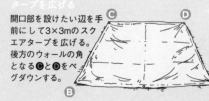

ビビィバッグコルネット

ソロ専用だが抜群の耐候性を持つサバイバル向きシェルター。
バイポッドを使えば立木のない平地でも設営できる。

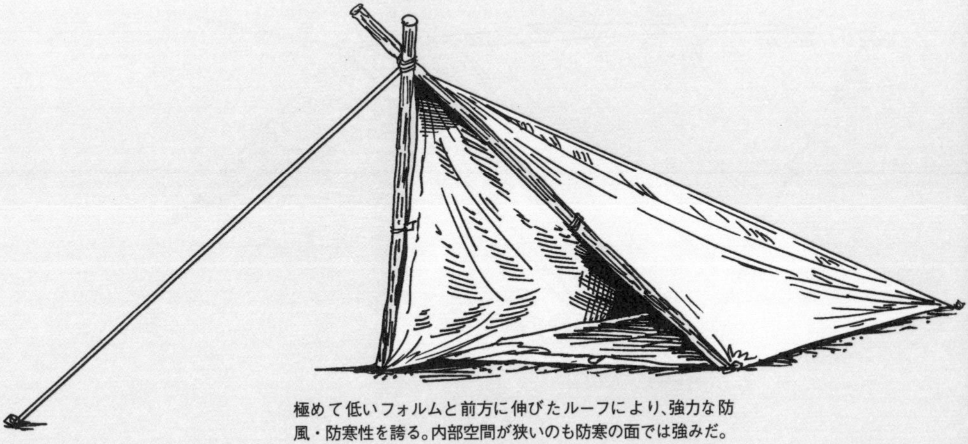

極めて低いフォルムと前方に伸びたルーフにより、強力な防風・防寒性を誇る。内部空間が狭いのも防寒の面では強みだ。

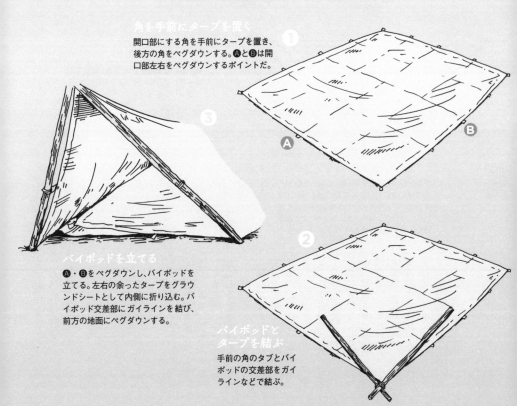

角を手前にタープを置く

開口部にする角を手前にタープを置き、後方の角をペグダウンする。Ⓐとⓑは開口部左右をペグダウンするポイントだ。

バイポッドとタープを結ぶ

手前の角のタブとバイポッドの交差部をガイラインなどで結ぶ。

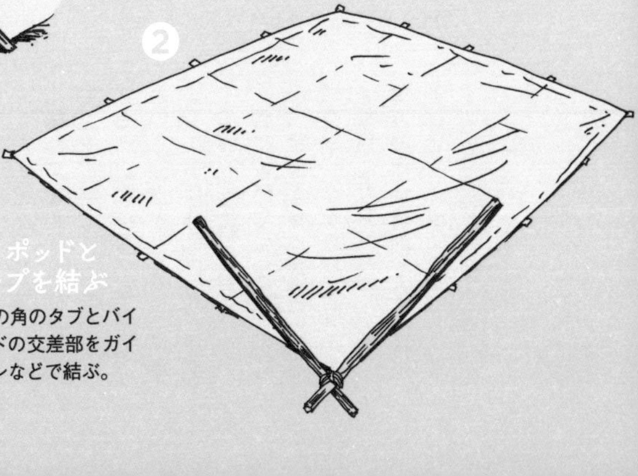

バイポッドを立てる

Ⓐ・Ⓑをペグダウンし、バイポッドを立てる。左右の余ったタープをグラウンドシートとして内側に折り込む。バイポッド交差部にガイラインを結び、前方の地面にペグダウンする。

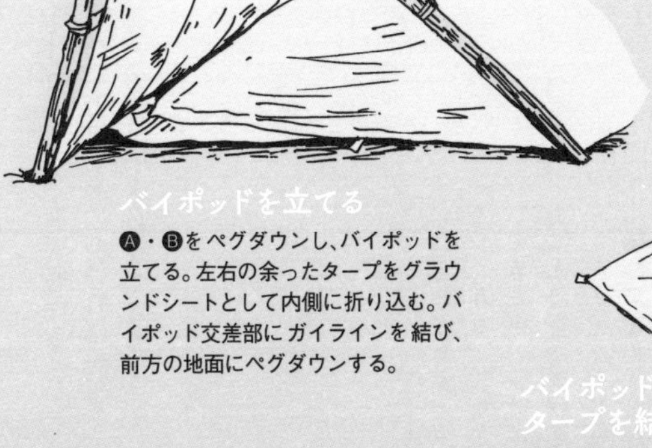

ブルーシートでシェルターを作る

シェルターはブルーシートでも作ることができる。設営方法を身につければ、野営だけではなく災害時でも役立つだろう。

身近なブルーシートはシェルターにもなる

ここまではタープを使ったシェルター設営法を紹介してきたが、シェルターはもっと身近な素材であるブルーシートでも作れる。

極めて安く、だが生地は丈夫で、ロープを通すハトメもついている。やや重いという弱点があるが、ブルーシートは非常にシェルターに向いた素材なのだ。

特に安価であることは強い。焚火を伴う野営に使う場合や、グラウンドシートを兼用したシェルターなど、傷みやすい場面では、経済的にはタープよりもシェルターのほうが向いている。

サバイバルビビィ

ブルーシートを使った、緊急時にも向いたシェルター。
ブルーシートがグラウンドシートにも、さらにはシュラフカバーにもなる。

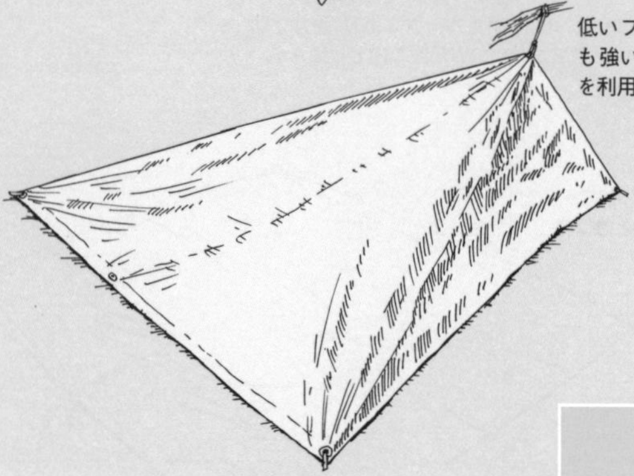

低いフォルムなので風雨にも強い。開口部は立木などを利用して吊るし上げる。

ブルーシートの右半分でシェルターを作り、左半分を中に折り込んで開口部を吊り上げるだけ。シェルターの左半分はそのまま広げるとグラウンドシートになるが、さらに半分を丸めてシュラフカバーにしてもいい。

展開図の見方

H …細引きによる吊り上げ、あるいはポールによる突っ張りポイント

PD …ペグダウンポイント

折り方

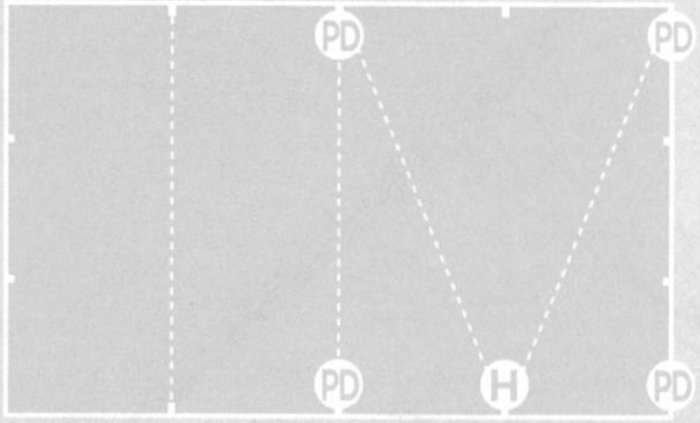

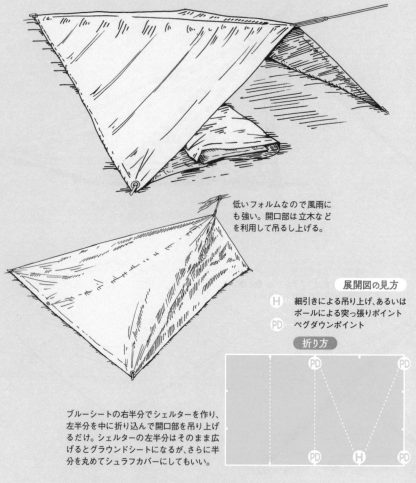

ウェッジ型の3バリエーション

前部の1点を吊り上げ、四隅をペグダウンするだけのシンプルなシェルターを「ウェッジ（くさび）」型と呼ぶ。グラウンドシートがないぶん広く、複数名でも使える。

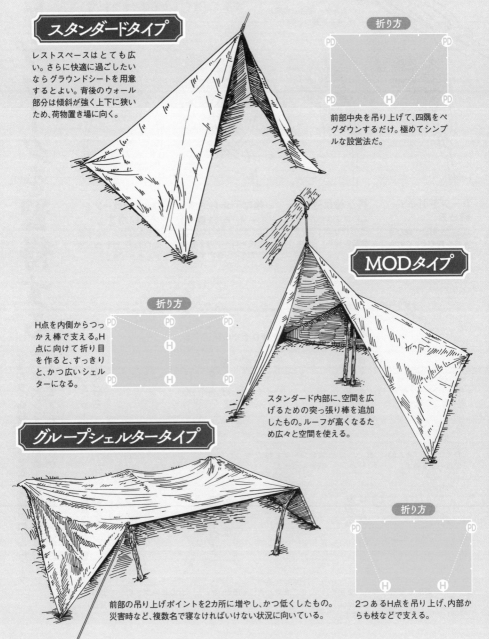

スタンダードタイプ

レストスペースはとても広い。さらに快適に過ごしたいならグラウンドシートを用意するとよい。背後のウォール部分は傾斜が強く上下に狭いため、荷物置き場に向く。

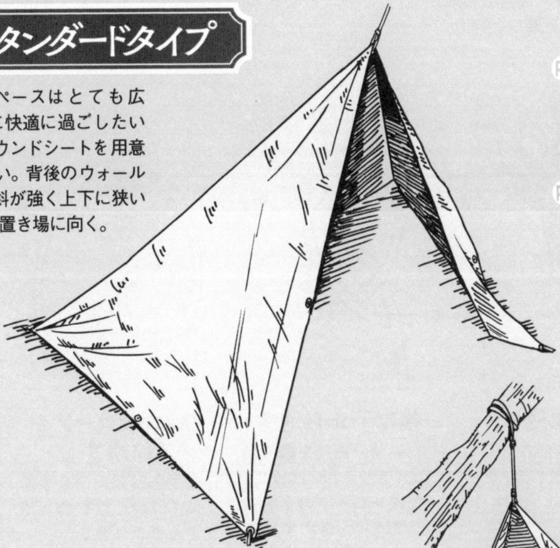

折り方

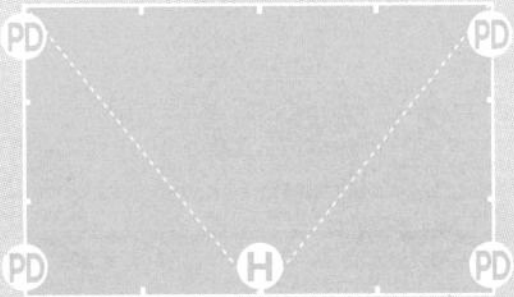

前部中央を吊り上げて、四隅をペグダウンするだけ。極めてシンプルな設営法だ。

MODタイプ

折り方

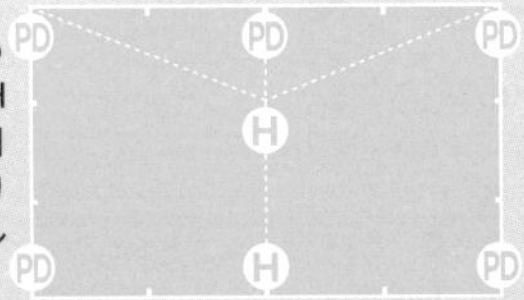

H点を内側からつっかえ棒で支える。H点に向けて折り目を作ると、すっきりと、かつ広いシェルターになる。

スタンダード内部に、空間を広げるための突っ張り棒を追加したもの。ルーフが高くなるため広々と空間を使える。

グループシェルタータイプ

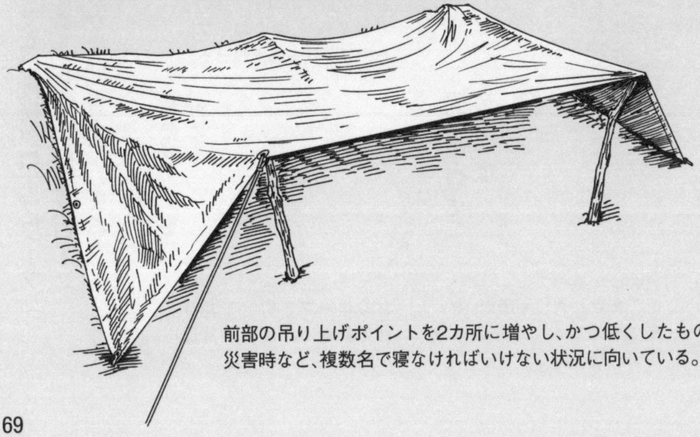

前部の吊り上げポイントを2カ所に増やし、かつ低くしたもの。災害時など、複数名で寝なければいけない状況に向いている。

折り方

2つあるH点を吊り上げ、内部からも枝などで支える。

定番ロープワークを習得する

シェルター設営に欠かせない技術がロープワークだ。難しいイメージがあるが、実は必要なロープワークはごくわずかしかない。覚えてしまおう。

ボウラインノット

タブへのロープの接続などに使う、「結びの王様」とまで言われる定番ノット。簡単だが強く、しかもほどきやすい。

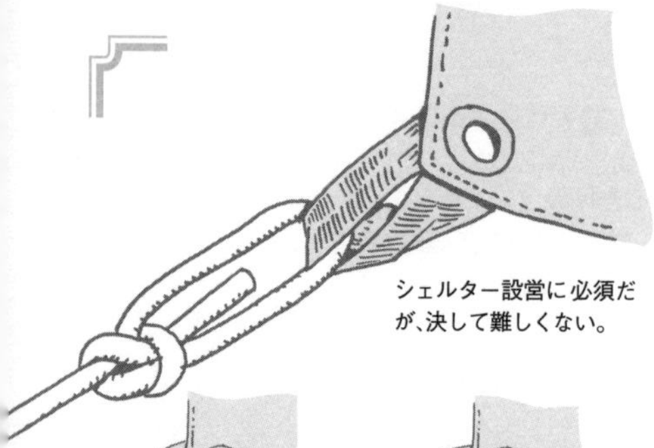

シェルター設営に必須だが、決して難しくない。

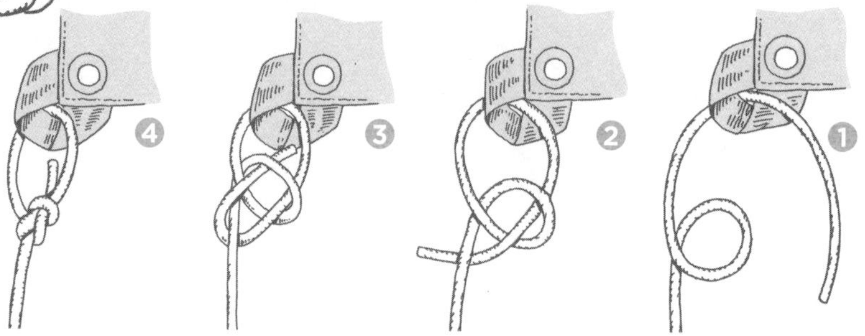

❶ ひねったロープをタブに通す

左手側のロープを手前にひねり、輪を作ってからタブに通す。

❷ 輪に下から通す

ロープの先端を❶の輪に「下から」通す。次に、先端をロープの下を通して左に引き出す。

❸ 再び輪に通す

ロープ先端を右上に向けて折り返し、もう一度❶の輪に「上から」通す。

❹ ロープを引いて締める

ロープを引いて結びをきつく締める。これ以上ロープを引いても輪が締まることはない。

ダブルフィッシャーマンズノット

屈強なスリング（輪）が作れるため重宝する。

❶ ロープにロープを巻きつける

適当な長さにロープを切って輪を作り、左のロープに右のロープを巻きつける。

❷ もう1回巻きつける

左のロープを軸に、もう1回巻きつける。

❸ 輪に右のロープを通す

巻きつけてできた輪に、右のロープを通す。

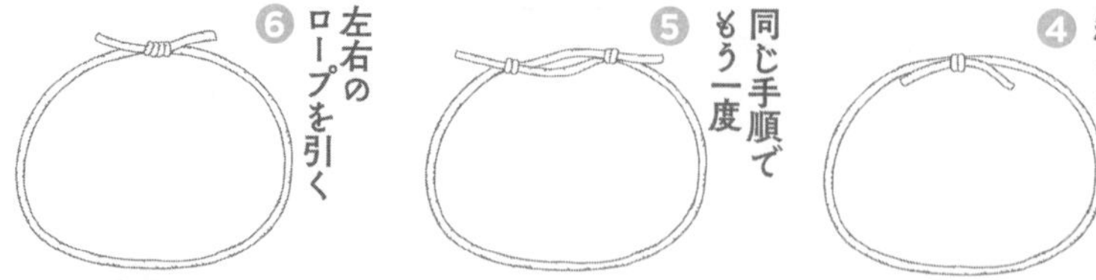

❹ 右のロープを締める

右のロープを引いて結び目を締める。これで片側が完成。

❺ 同じ手順でもう一度

ここまでと同じ手順で、今度は右のロープに左のロープを結ぶ。

❻ 左右のロープを引く

最後に左右のロープを引くと、2つの結び目が互いのストッパーとなりきつく締まる。

ダブルエイトノット

ダブル「エイト」の名前通り8の字を描く結び方。ロープのどの場所にでも頑丈な輪を作れる。

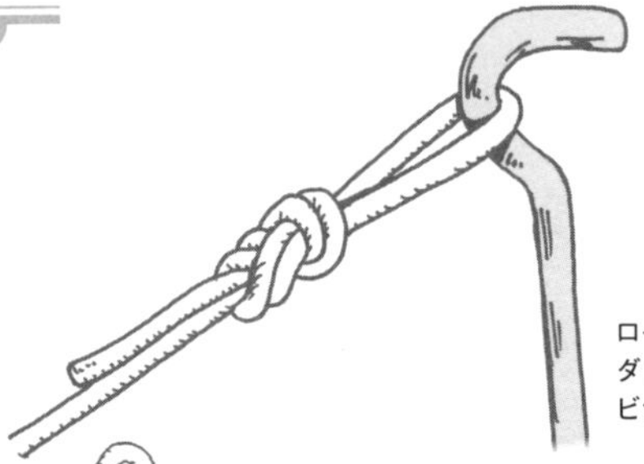

ロープ先端に固定された輪を作るダブルエイトノット。ロープにカラビナをかける際などに使われる。

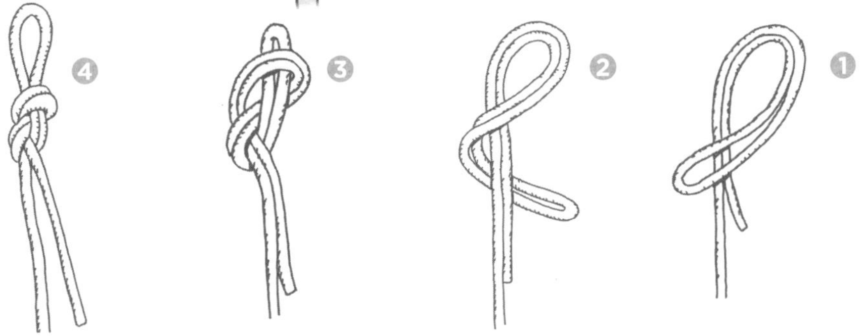

折ったロープを交差させる
任意の点でロープを折り返し、折り返した頂点を元のロープの上に交差させる。

ロープをまた折り返す
ロープ先端を反対方向に折り返し、今度は元のロープの下をくぐらせる。

輪にロープ先端を通す
上にできた輪にロープの先端を、上から通す。

ロープを締める
ロープをきつく引いて締めたら完成。

プルージック

ロープに別のロープを結んで輪を作れる。摩擦で固定しているので細いロープでもしっかり止まる。

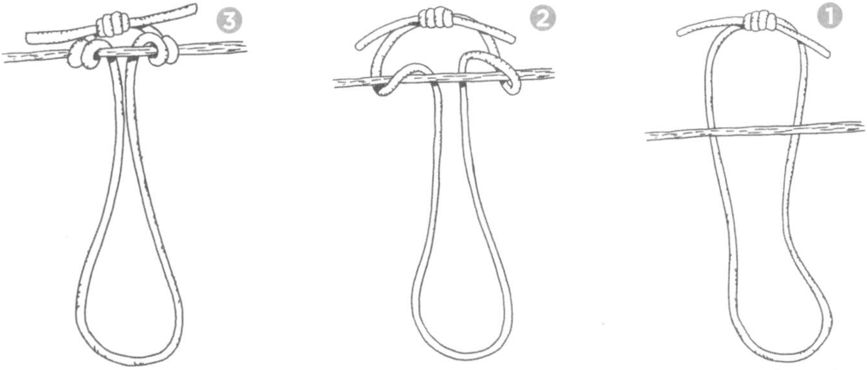

スリングを用意
スリング（輪）を用意し、ロープに対してイラストのように置く。

輪に末端を入れる
輪の中に、末端から通していく。

❷を繰り返す
❷の作業を3回ほど繰り返す。末端を引いて結び目をきつく締める。

クローブヒッチ

ポールにロープを結ぶ際に使われる。ロープのどの位置でも作れるため、タープに石を入れた上から結び、即席のタブを作ることもできる。

石で即席タブを作る

タープの中に石を入れてグローブヒッチで結ぶとタブのように使える。

❶ 2つの輪を作る

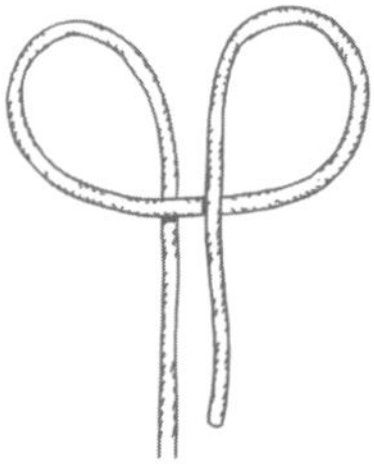

イラストのように左右に2つの輪を作る。交差点の1つでは元のロープが上、もう1つでは元のロープが下になっている点に注意。

❷ 2つの輪を重ね、対象にかぶせて締める

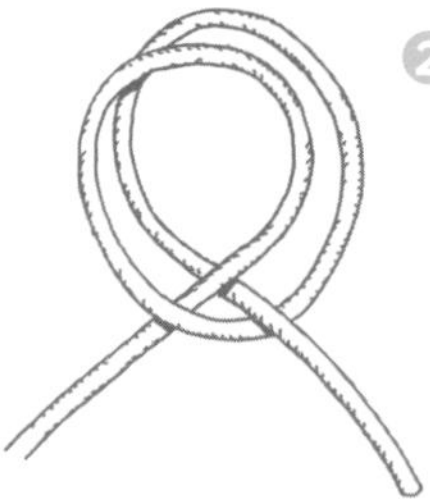

右の輪を下、左の輪を上にして重ねたら、この二重の輪に対象物（上のイラストではタープに包んだ石）を入れて締める。

基本のクローブヒッチ

インクの瓶や徳利の口を結ぶ際にも使われたことからインクノットや徳利結びとも言われる。結び目を作らないためロープを傷めないのも特徴だ。

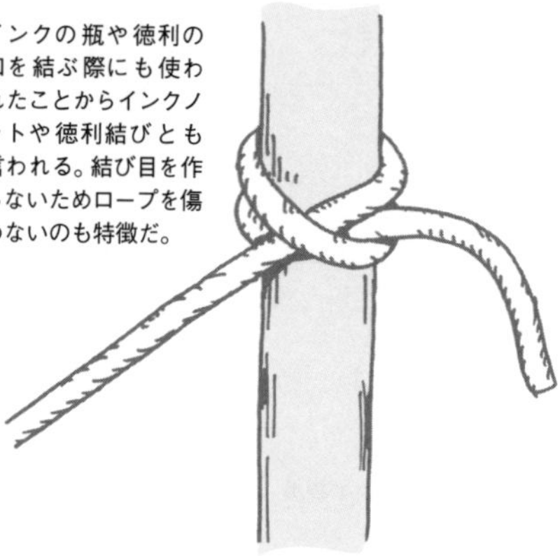

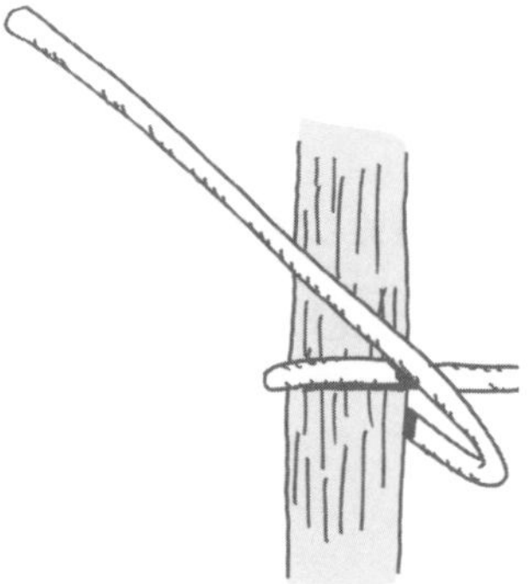

❶ ロープを巻く

ポールにロープを巻き、下から先端を出して上方へ交差させる。

❷ もう一巻きして締める

さらにもう一巻きしたら、交差したロープの間に通して締める。

Part.05

シェルター構築の応用

最小限の道具で築く実践的シェルター

キャンプには、単なる楽しみにとどまらず、生きる力を養う側面もある。野生環境で過ごすうちに経験が蓄積され、サバイバル能力が鍛錬されるのだ。

ここでは、最小限の道具でフィールドに踏み入り、現地調達物を活用してシェルターを構築する術を紹介する。これらを身につければ、装備を軽量化できるのはもちろん、今まで以上に自然との一体感が得られるだろう。

また、自作のシェルターは、基本を押さえれば状況に応じて変化をつけられるようになるため、どんな環境でも乗り切ることができるはずだ。防災にも役立つので、実践を通して構築法を身につけてほしい。

Basic Skills

大定番の「デブリハット」

3本の枝をフレームとして構築するデブリハット型シェルターは、サバイバルの大定番だ。ナイフもロープも不要で、すぐに構築できる点も強みだ。

3本の枝で細長い三角錐を作り、そこに細い枝をかけてから落ち葉を載せる。シンプルだが保温性は抜群だ。

手軽な現地調達型シェルター

ネイティブアメリカン発祥のデブリハットは、もっとも基本的なシェルターだ。長い3本の枝をフレームとし、そこに枝をかけて落ち葉を載せていくだけ。ナイフもロープも必要とせずに作れる。「デブリ」とはゴミのことであり、森のどこにでも落ちている落ち葉や枯れ葉を使って構築できる点が強みだ。

簡単だが、積もった落ち葉によって抜群の保温性を誇るデブリハットは、緊急時のサバイバルにも向いている。環境にもよるが、慣れれば1時間足らずで作れる。まずはデブリハットをマスターしてから、P77以降のシェルターにも挑戦してほしい。

SHELTER. 01 デブリハット

枝と落ち葉だけで作れるデブリハット型シェルター。
緊急時にも向いているため、ぜひ覚えておきたい。

Basic Skills

①

フレームを組む

3本の枝で三角錐状にフレームを組む。大人ひとりが横になれるくらいのスペースを確保できる枝を探そう。

②

Y字の枝を利用して固定

フレームとなる三角錐の頂点を固定するのにロープは不要。Yの枝を2本交差させ、そこにできた穴にもう1本の枝を通せばよい。

③

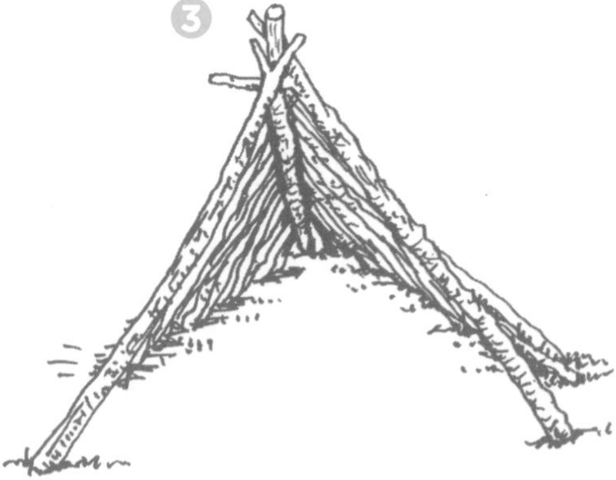

フレームに枝をかける

フレームが完成したら、そこに左右から枝をかけていく。まず太めの枝をかけ、次に枝や葉が出ている細い枝をかける。落ち葉を受け止めるためだ。

④

落ち葉や草をかける

周囲の落ち葉や草を集め、骨組みが完全に隠れるくらい満遍なくかけていく。寒い時期ほど厚くかけるようにする。

伝統的な「ティーピー型シェルター」

世界中の民族が使う、実用性抜群のスタイルがティーピー型だ。内部空間が広いうえ、風雨にも強い。

SHELTER. 01 ノッチトップシェルター

木を削って作るキャップの自重でフレームを固定する。
ロープを使わずに作れるのが強みだ。

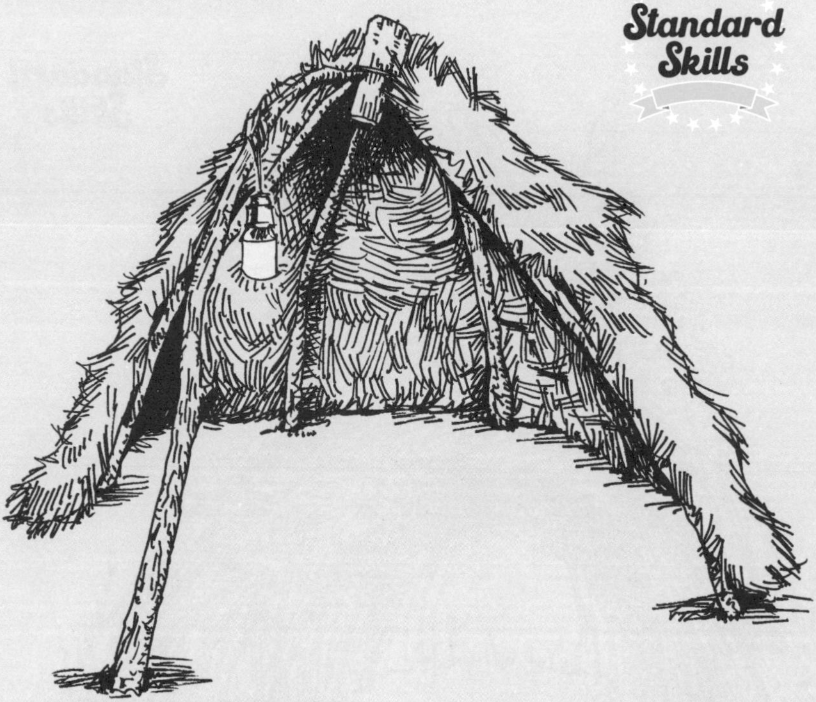

① キャップを切り出す

太めの薪程度の太さの木をイラストのように削り、キャップを作る。

② フレームとなる枝を集める

長さが等しい5～6本の枝を集める。両端を斜めに削ってからバランスよく地面に立て、中央の集合部にキャップを載せる。

③ キャップの重さでフレームを固定

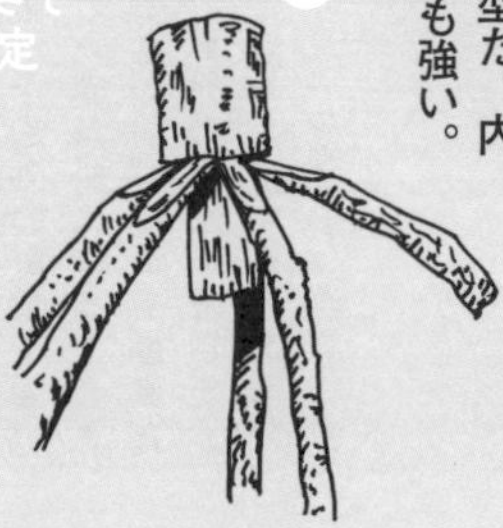

フレームの集合部はこのようになっている。各フレームにキャップの重さがかかることで全体が安定する。バランスが重要だ。

④ 枝葉をさしかける

入り口を除いて、枝葉をさしかけていく。ちなみに入口のフレームのみ湾曲した枝を選ぶと、出入りがしやすくなる。

SHELTER. 02 ブッシュシェルター（マタギ流）

マタギが一晩を過ごすための簡易シェルター。
笹や篠の藪を束ねただけだが、多少の雨にも耐えられる。

Standard Skills

藪の中央部を刈って空間を作り、その上で藪を縛って屋根にする。簡素だが実用的なシェルターだ。

藪を刈って束ねるだけ

山で生きるマタギたちの間で受け継がれてきた簡易的な構築方法が、このブッシュシェルターだ。

笹や篠の藪を見つけたら、その中央部を刈り取り、地上1・5mほどの高さで縛るだけ。このとき、あまりきつく縛るとロープがずり上がってしまうため注意する。なお、ロープは靴紐などでも代用できる。また、笹よりも篠のほうが丈があり、居住空間を広く確保できる。

多少の雨にも耐えられるため、予定外の野営を強いられた緊急時に備えて覚えておきたい。極めて簡素だが、自然の素材をとことんまで活かしたマタギならではのシェルターだ。

SHELTER. 03 ラブーキャビン

ティーピー型の応用として大人数を収容できる巨大シェルターが、
通常は単体で使うポリッシュラブーを
２つ組み合わせるラブーキャビンだ。

Special Skills

イラストはフルクローズした状態。ポールを追加してタープの前面を立ちあげれば、開放感が得られる。

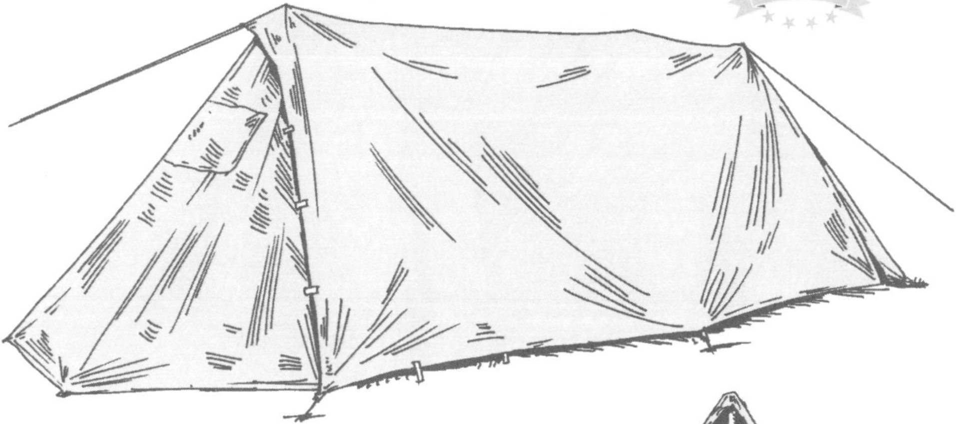

❶

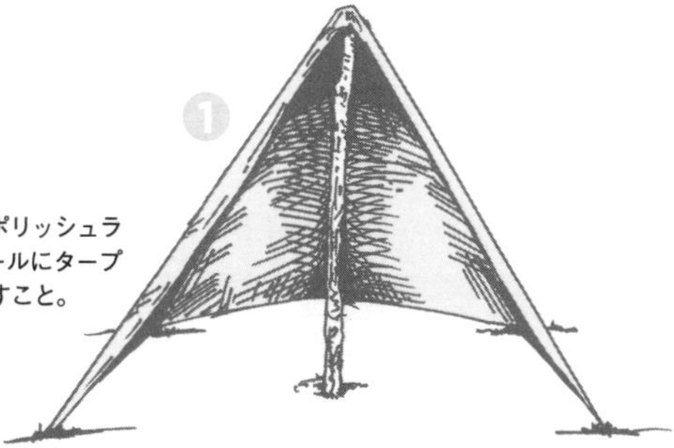

ポリッシュラブーを立てる

ポーランド軍のポンチョテントであるポリッシュラブーを、通常のように立てる。この後ポールにタープを張るため、ポールはしっかり地面に差すこと。

2つめのラブーを立ててタープを張る

間に張るタープのサイズより少し狭い間隔で2つめのラブーを立てる。2本のポールの間にタープを張る。

❷

工夫次第で冬も快適「防寒寝床」

寒い環境でも、シェルターは有効だ。外気の遮断と、焚火の熱の利用が重要になる。

Advance Skills

SHELTER. 01 ログリーントゥシェルター

焚火の暖かさを抱え込む構造になっている。
長期滞在も可能だ。

頑丈なサイドウォールの上に、積雪にも耐える屋根を作る。

❶ 傾斜つきサイドウォールを作る

地面に立てた杭の間に伐採木を挟み、サイドウォールにする。サイドウォールの傾きがそのまま屋根の傾斜になる。

❷ 麻縄で杭を縛る

杭は麻縄でログを押さえつけるように縛り、サイドウォールの強度を上げる。地面に埋め込む部分を焼き杭にしておけば、耐久性が高まる。

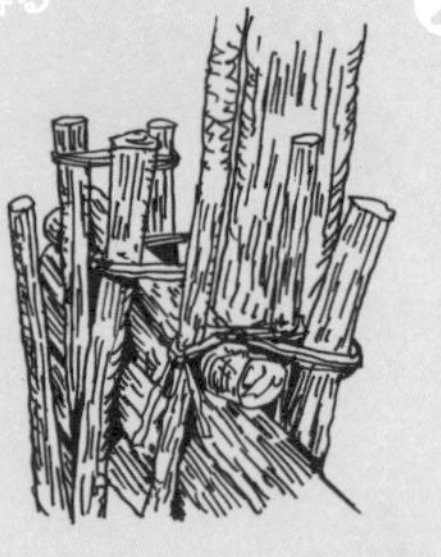

快適な越冬型シェルター

真冬でも自作シェルターは有効だ。暖かさを保つために断熱をしっかりしたうえで、焚火の熱を利用する構造にすれば、厳しい冬でも耐えられるシェルターになる。

伐採木や倒木をふんだんに利用したログリーントゥシェルターは、雨風を遮り、断熱性も高い。さらに、床を地面からわずかに浮かせることで、シェルターの前で熾した焚火の熱が寝床の下にまで回り込む。全体がファイヤーリフレクターになり、中の人間を温める構造なのだ。

③ メインフレームを作る

サイドウォールを２枚作ったら、その間にY字枝を用いて梁となる頑丈な枝を置き、左右それぞれに屋根の骨格となる枝を差しかける。

④ フレームも麻縄で固定

梁などのメインフレームも、麻縄で結び合わせて固定する。かつての日本家屋にも使われた手法だ。

⑤ 屋根のフレームを作る

メインフレームに、屋根となる枝をかけていく。30cm程の間隔で、細くても強い枝をかける。

⑥ 庇を作る

屋根のフレームに庇を作る。焚火の熱を溜め込むことに加え、雨雪の吹き込みを防いだり強度を向上させたりする効果もある重要なパーツだ。

⑦ フレームにシートをかける

屋根のフレームにビニールシートをかける。シートは庇部分にもかけること。

⑧ 末端は丸太に巻く

シートは庇側からかけはじめ、末端は長さを調整しながら丸太に巻きつけて固定する。麻縄でメインフレームにも固定すること。

⑨ 庇を細い木で覆う

庇の上に細い枝を並べ、その上から横に渡した枝を縛りつけて固定する。雨水が流れ落ちず、静かに滴るようにするためだ。また、シートを押さえる役割もある。

SHELTER. 02

チムニードラフトベッド

焚火の熱を床下に通し、寝床を温める構造のシェルター。チムニーとは、煙突のことだ。

Advance Skills

焚火を熾す焚口と排気口をつなぐ煙突の上に作るシェルター。足元の排気口を焚口より5cmほど高く作ることで、熱気が排気口に向かって床下を流れる。

① 縦長の穴を掘る

地面に、焚火の熱を通すための縦長の穴を掘る。焚火側の口よりも排気口のほうが5cmほど高くなるように傾斜をつける。

② 穴の上に篠を並べる

穴の上に適当な長さに切った篠をすき間なく並べていく。焚火の熱が当たる場所には平らな岩を置く。

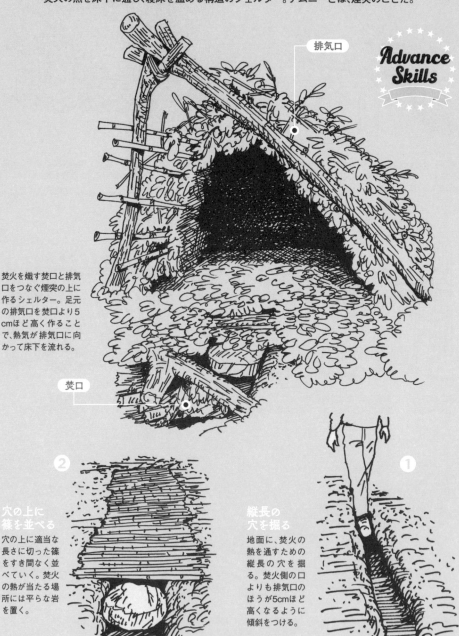

篠の上に土と落ち葉を敷く ❸

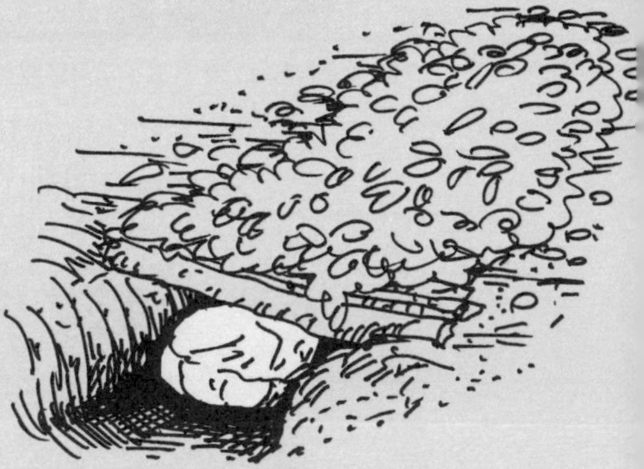

篠の上に、❶で出た土を載せて踏み固める。さらに落ち葉を敷き、快適な寝床を作る。

フレームを作る ❹

寝床の上に、頑丈な枝でフレームを作る。中で座れないくらいの狭さにすると、熱が逃げない。

篠を編んで外壁を作る ❺

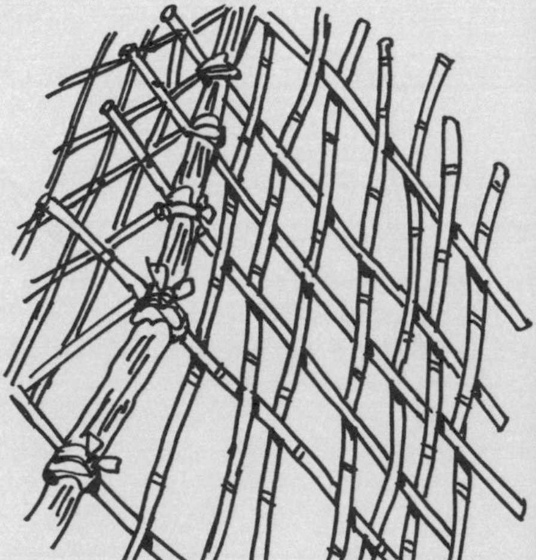

篠を格子状に編んだものをフレームにかけ、外壁とする。作業には蔓を使う。

篠の葉と落ち葉を載せる ❻

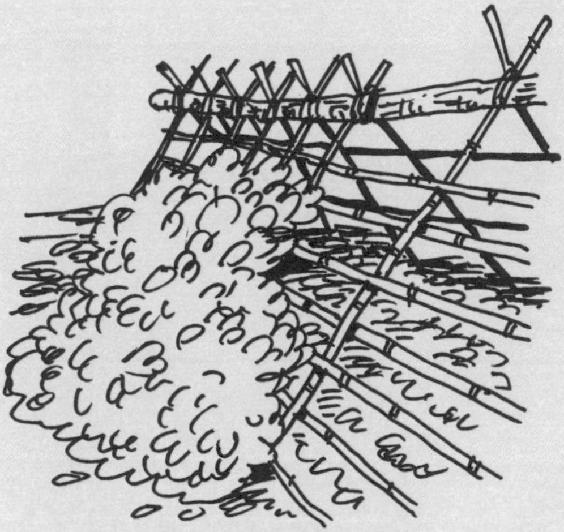

外壁に篠の葉と落ち葉を載せる。焚口で焚火を熾すと、床下から熱せられる快適なシェルターとなる。

SHELTER. 03 ワンノットウッドシェルター

ワンノットだけで作れる冬季対応型シェルター。自重でしっかりと固定される。

Advance Skills

30分～1時間程度で手軽に作れるが、居住空間も広く、風雪にも耐える。初心者がシェルター作りを学ぶのにも向いている。

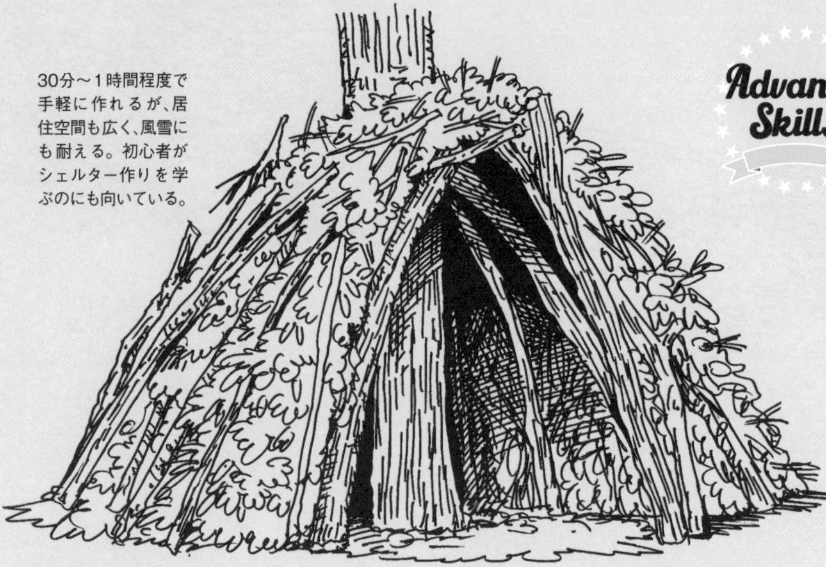

❶ 立木に枝を結ぶ

立木の胸ほどの高さに50cmほどの枝を結ぶ。

❷ フレームとなる枝をかける

❶で結んだ枝に、フレームとなる長い枝を4～6本ほどかけていく。入口は開けておくこと。

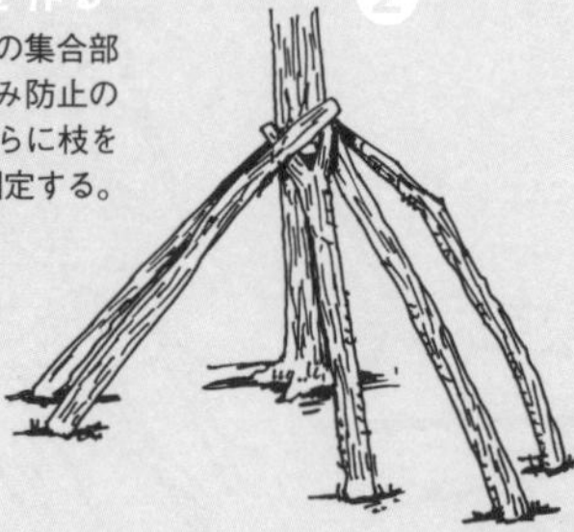

❸ Y字の枝で庇を作る

Y字の枝をフレームの集合部に突っ込み、吹き込み防止の庇を作る。その後さらに枝を追加して差し込み固定する。

❹ 枝や藁をかけていく

フレームに細い枝や藁をかけ、外壁を作る。枝を下向きにすると落ちようとする自重で他の枝に絡まり、全体として強固になる。

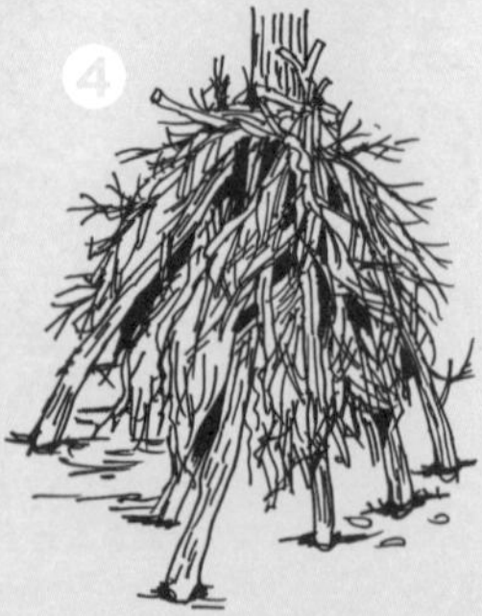

❺ 枯れ葉や朽木で屋根を作る

入り口以外に枯れ葉をかけていき、屋根を作る。最後に倒木や朽木などを上から立てかけ、その重さで枯れ葉を押さえる。焚火で炙ったスギやヒノキの枝を寝床に敷くと暖かい。

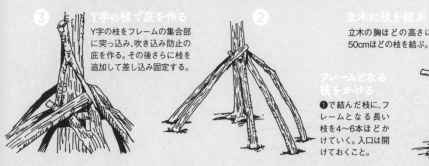

ブルーシートと現地素材で作る「高床式寝床」

高床式寝床のメリット

- 傾斜や地面の環境を問わず、水平な寝床が作れる
- 地面からの冷気を防ぎ、焚火との相性もいい
- 長い倒木さえあれば作るのは難しくない

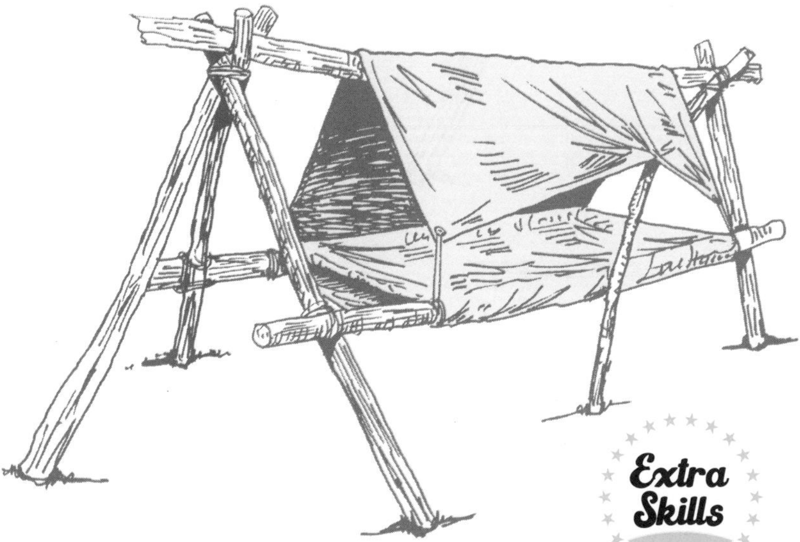

Extra Skills

快適な睡眠を得たいなら、地面から床面まで距離がある高床式が向いている。構築法も、それほど難しくはない。

寝心地にこだわるなら

サバイバルな環境でシェルターに求められる要素の１つが、寝心地だ。

質の良い睡眠は体力を回復させ、次なる行動につながる。しかし、十分な睡眠がとれなければ疲労が蓄積し、翌日からの行動に支障をきたすだろう。最悪、遭難につながる恐れもある。

寝心地を重視するなら、地面から床面まで距離がある高床式がいい。地面からの冷気が伝わりにくいため、寒さをかなり緩和できる。焚火との相性もいい。

また、傾斜地だったり地面が凸凹していたりしても、完璧に水平な寝床を作れるのが強みだ。寝心地に大きく影響する。

作るのが難しそうに見えるかもしれないが、そんなことはない。よい倒木さえ見つかれば、特別な細工やノットなしに構築できる。

SHELTER. 01 トライポッドコット with Cフライウェッジ

トライポッド（三脚）2つとブルーシートを使って水平な寝床を作る。トライポッドは屈強なフレームとなる。

Extra Skills

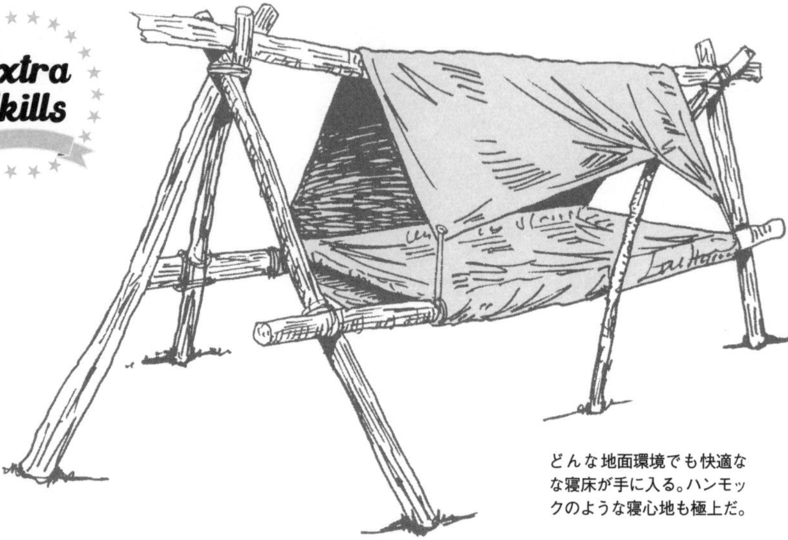

どんな地面環境でも快適な寝床が手に入る。ハンモックのような寝心地も極上だ。

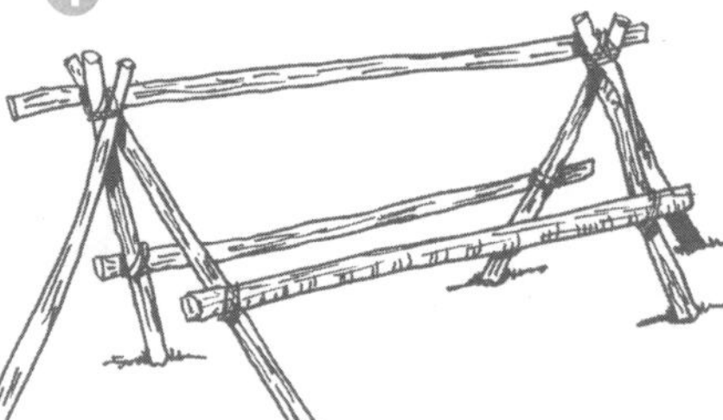

1

フレームを作る

2つのトライポッドに3本の倒木を渡し、フレームとする。

2

ブルーシートで床面を作る

下2本のフレームにブルーシートを1回だけ巻き、床面とする。巻き始め部分は細引きでハトメと骨組みを固定する。

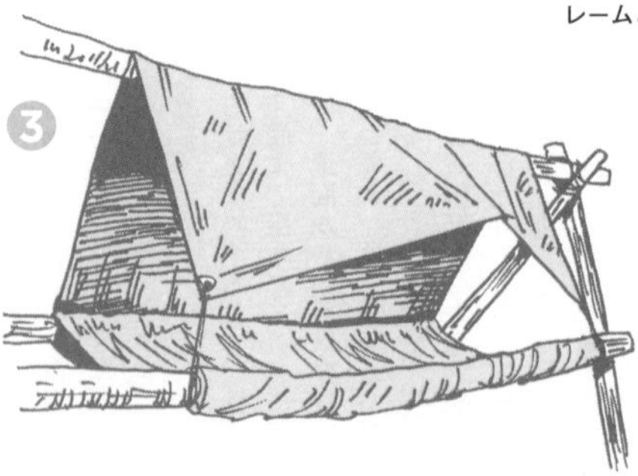

3

屋根を作る

ブルーシートを上のフレームに回してから下部のフレームに固定。シートを地面にペグダウンしないことで、人の自重で全体が強固になる。

SHELTER. 02 ノーノットコット with ウインドシールドルーフ

ちょうどよい間隔で2本の立木があれば、倒木とY字枝を利用して簡単に作ることができる。

Extra Skills

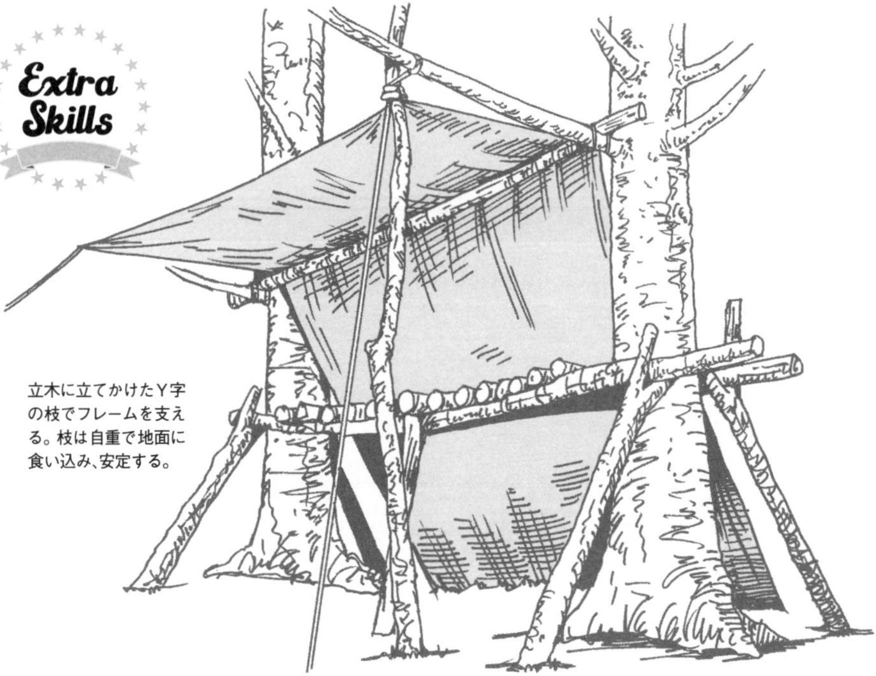

立木に立てかけたY字の枝でフレームを支える。枝は自重で地面に食い込み、安定する。

立木を使ってフレームを作る

立木の股やY字の枝をイラストのように使ってフレームを作り、そこに丸太を並べて寝床とする。さらに、上に風雨を防ぐブルーシートを張る。

ポールもロープも使わずに固定する

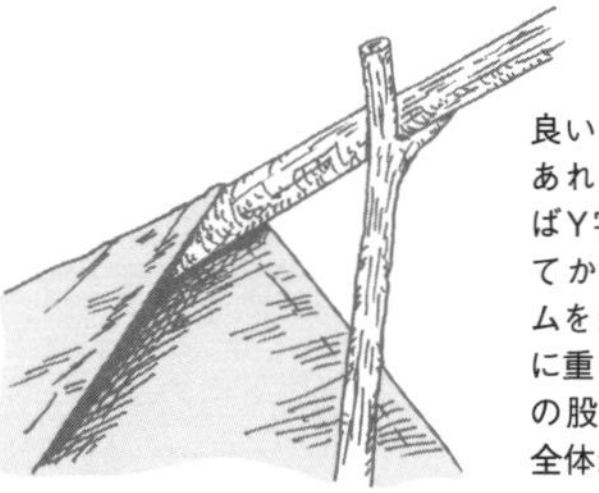

良い位置に木の股があればそこに、なければY字の枝を立木に立てかけ、そこにフレームをかける。フレームに重さがかかるほど木の股や枝に食い込み、全体が強固になる。

COLUMN

自然物で作る シェルターのリスク

倒木や落ち葉などの自然物を使ってシェルターを作る際には、気を付けなければいけないことが1つある。マダニだ。

落ち葉などを好むマダニはウイルス感染症を媒介する場合があり、噛まれると高熱や、ときに命がおびやかされるケースさえある。

したがって、フィールドでは極力肌の露出が少ない服装を心掛け、シェルターの材料にする枯葉や倒木には、焚火の煙を当ててマダニを追い出すなどの対策を施したい。

シェルターに定住する民族が平気なのはなぜかというと、彼らはシェルター内部で煮炊きをするため、日常生活の中で自然と害虫を追い出しているからだ。焚火には暖房や調理の意味だけではなく、虫よけの効果もあるのだ。

Part.06

野食の知識

食料を
調達するということ

日本は、水が豊かな国だ。少し都市を離れれば、そこには水量豊かな清流や湧き水があふれている。この国で飲み水にありつくことはそう難しくない。

では食料はどうか？　たしかに、都市のスーパーマーケットにはできあいの食材がいくらでもある。だが、サバイバルな状況下でも食べられるものは、自然の中にあるのだろうか？　もちろんある。実は日本の自然は、優良な食材も豊富に用意してくれているのである。

そう見えないのは、都市の生活に慣れ切った我々の目が節穴になっているからだ。少し目を凝らせば、自然には食料が大量にある。都市のライフラインが絶たれたとしても、サバイバルは可能なのだ。

食材候補の判断基準

食べられそうなもののうち、実際に食べられるものはごくわずか。「食えるか否か」の判断は、サバイバルでは生死を分けることがある。

可食生物判断表

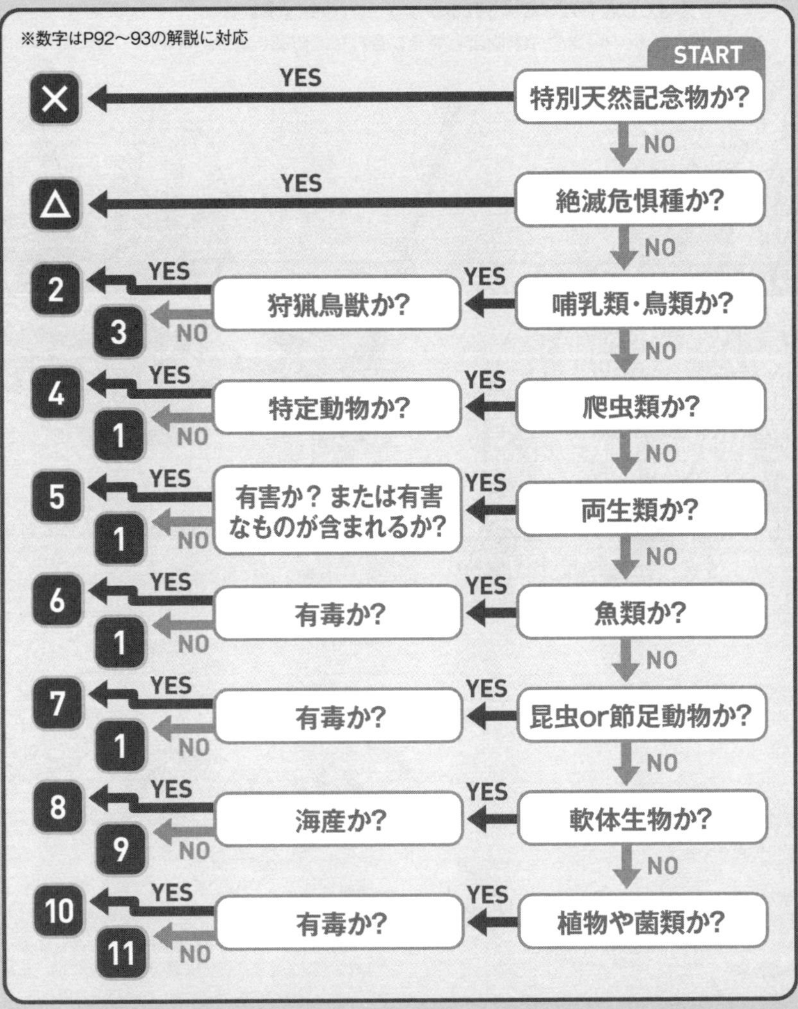

怪しいものは避ける

サバイバルな状況下では、「食べられそうなもの」と「食べられるもの」の区別が極めて重要になる。毎年のように食中毒がニュースになることからもわかるように、人体にとって害をなす生き物や植物は多いからだ。

大前提として、名称がわからないものを食べるのは厳禁だ。毒を持っているかもしれない。また、法的に採ることが許されていないものも、当然、食べてはならない。特別天然記念物は事故死した個体でも基本的に食べられないし、倫理的観点からは、絶滅危惧種も食べるべきではない。

そして、少しでも「怪しい」と感じたら、やはり食べてはならない。それがサバイバルな食料収集での鉄則だ。わずかなカロリーと健康を引き換えにするのはばかげている。

監修／日比野理弘（P91-95）

食べられるか、否か

食材らしきものを食べられるかどうかは、生死を分ける。
前ページの可食生物判断表と照らし合わせて確認しよう。

1 食べられる

爬虫類は大半が美味しく、両生類も無毒なら食べられる。カメ類なども美味いが、調理しにくいのが弱点か。魚類や節足動物は無毒のものであれば基本的に食べられる。

2 猟期と猟法を守れば食べられる

哺乳類と鳥類については、狩猟法によって、狩っていい時期と狩猟ができるエリアが定められている。

4 注意すれば食べられる

哺乳類・鳥類・爬虫類の一部は特定動物に指定されており、飼育や保管には都道府県知事の許可が必要だ。ワニガメやハブ、マムシは特定動物に相当するため、糞抜きのための長期飼育保管はできない。食べる場合は捕獲後すぐに締める必要がある。

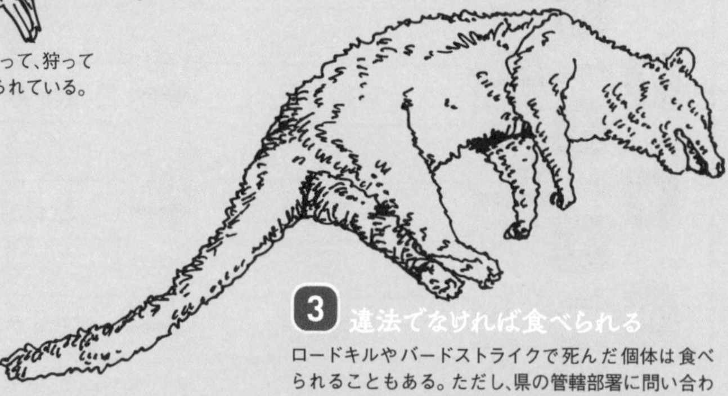

3 違法でなければ食べられる

ロードキルやバードストライクで死んだ個体は食べられることもある。ただし、県の管轄部署に問い合わせてからのほうが無難だ。明らかに病死の場合は、人獣共通感染症の恐れがあるので避けたほうがよい。

5 注意すれば食べられる場合も

毒を持つ生き物は意外と多いため、気を付ける。有害部位を取り除けば食べられる種もあるが、たとえばオオヒキガエルは毒腺を取り除いても食べられない。また、ニホンイモリは毒性の地域差が激しいので注意。

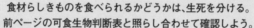

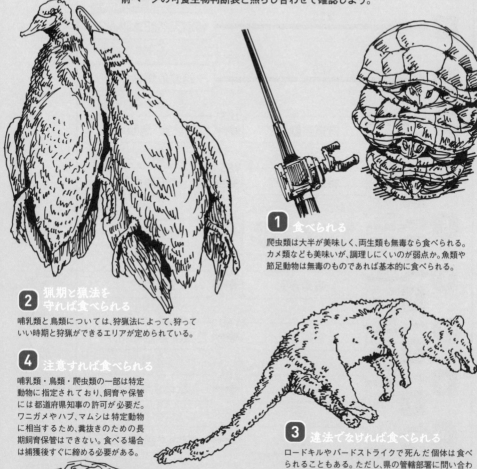

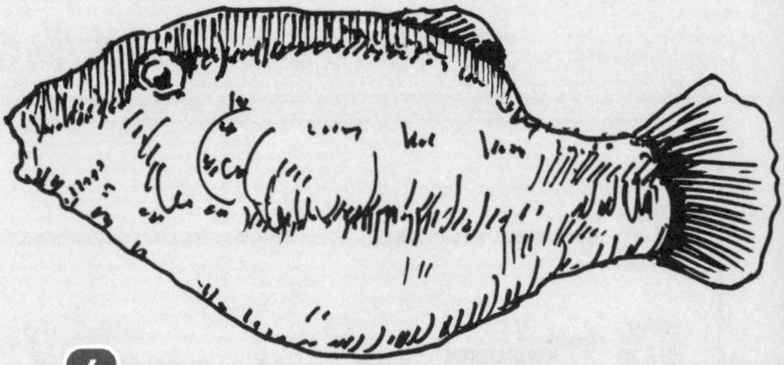

6 有毒部位を取り除けば食べられる場合も

有毒部位を取り除けば食べられるフグだが、食品衛生法により、フグ調理師免許がないと提供してはいけないことになっている。

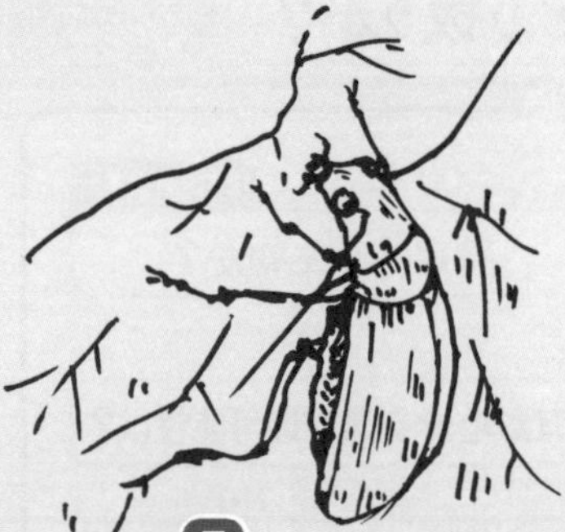

7 食べられない

小さいのに、強力な毒や臭いを持つ生物もいる。たとえばテントウムシは体液が臭く食べられない。また、ツチハンミョウの毒は数匹で人間の致死量になる。

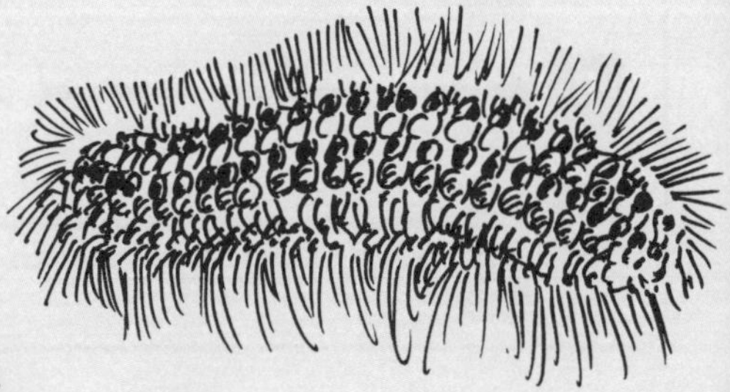

8 有毒部位を取り除けば食べられる

海産軟体は、内臓や唾液腺にのみ毒をもつものも多く、取り除けば食べられる。ウミケムシも毒棘を避けて口の部分だけを食べると美味。有毒部位を取り除けない種は食用不可。

9 寄生虫に注意すれば食べられる

淡水の巻貝には危険な寄生虫がいるが、加熱によって処理できる場合も多い。とはいえ、イラストのアフリカマイマイは生態系被害防止外来種なので採取地からの持ち出しは厳禁。

10 基本的に食べられない

昔の図鑑では食用とされていたが、今は食べられないことになっている食材もある。ヨウシュヤマゴボウもかつては食べられる野草だったが、今は食べないほうが無難。

11 食べてもよい

美味くはないが、毒はないのでなんとか食べられる食材もある。緑の若い松ぼっくりは、ジャムにすると超個性的な味がする。

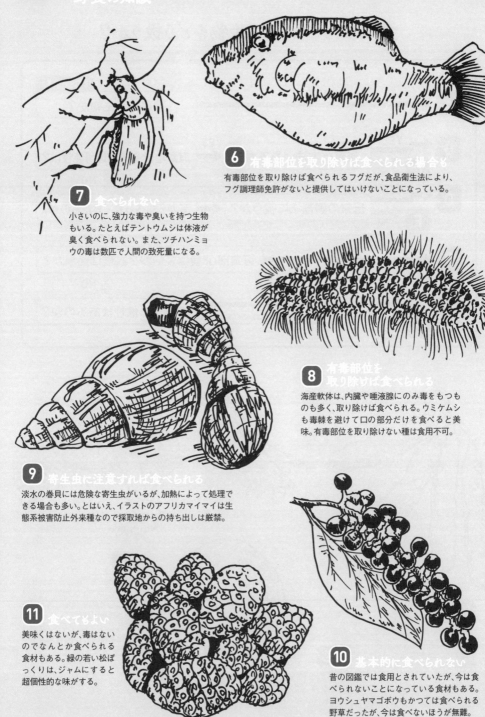

食べられるならこの生物をどう扱うか？

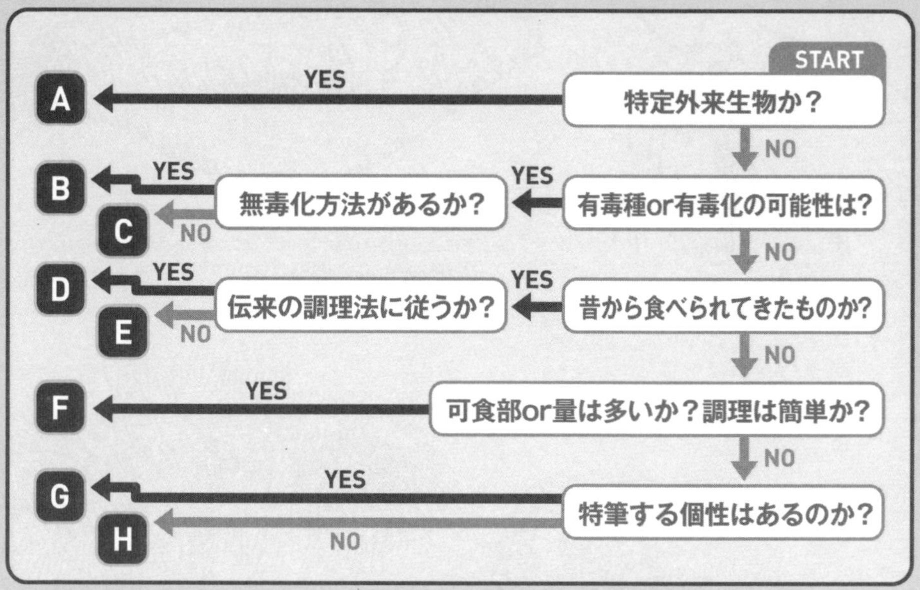

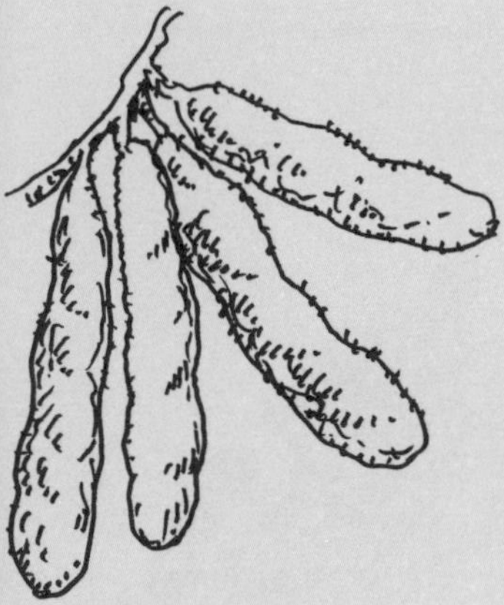

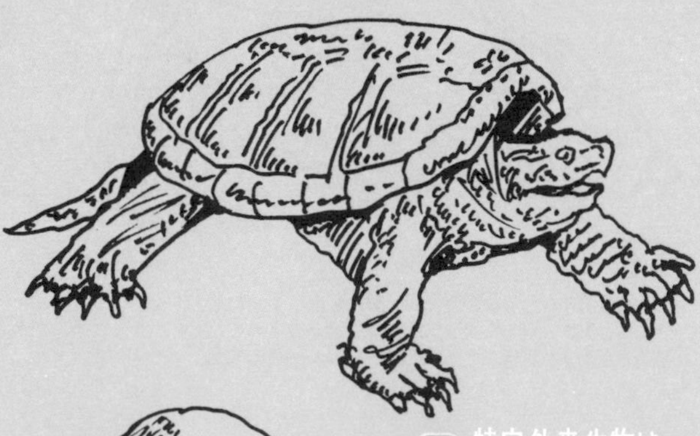

A 特定外来生物はその場で調理

特定外来生物は生きたまま持ち出せないので、動物であればその場で絶命、植物であれば増殖不可能な状態にしなければならない。カミツキガメなどは相当美味いのだが、泥抜きできないのが残念だ。

B 無毒化できるか？

マメ科に多いサポニンは有毒だが、加熱で無毒化できる。裏を返すと、日常的な食材でも毒を持つものは少なくない。

C 食べられない

ベニテングタケは実は旨味が強いのだが、その旨味こそが毒。決して食べてはいけない。

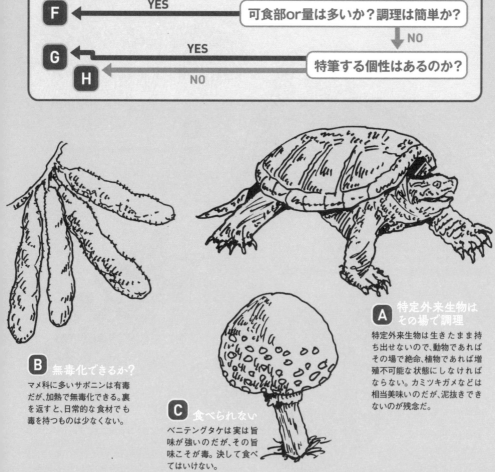

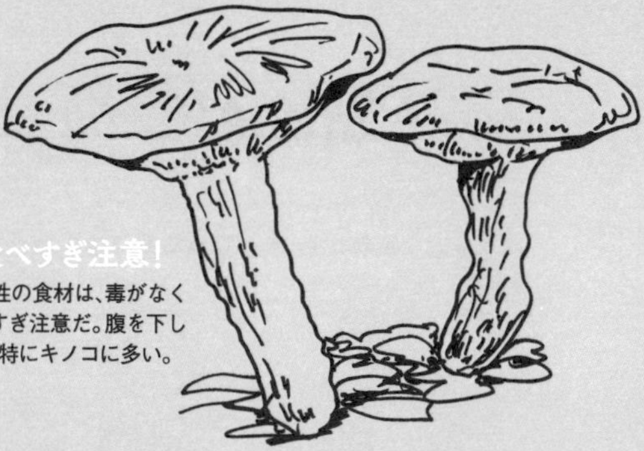

D 食べすぎ注意!

難未消化性の食材は、毒がなくても食べすぎ注意だ。腹を下してしまう。特にキノコに多い。

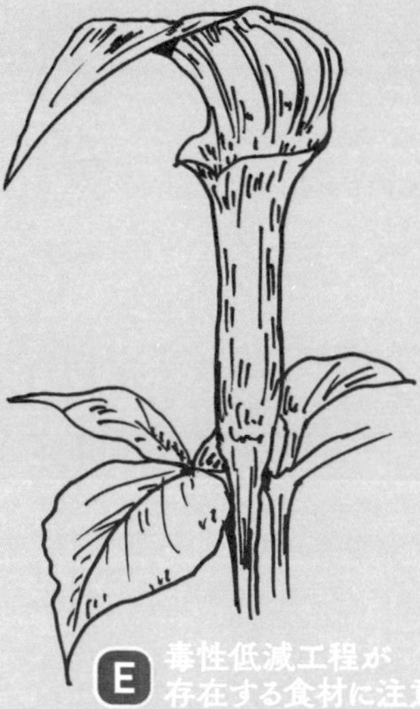

E 毒性低減工程が存在する食材に注意

お馴染みのワラビやフキも、アク抜きせずに大量に食べることにはリスクがある。特に、情報が少ない山菜には気を付けたい。

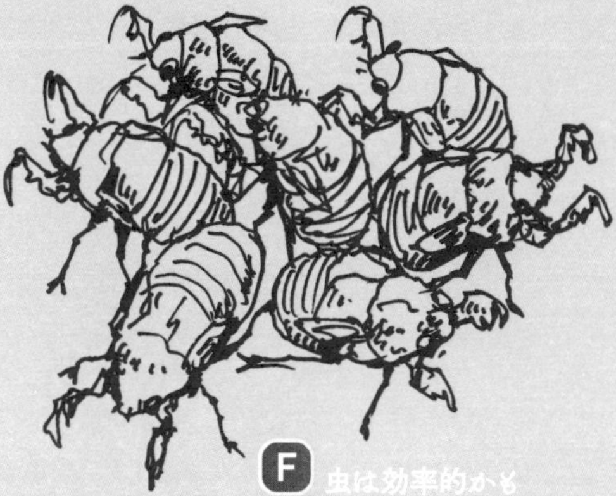

F 虫は効率的かも

虫の中には、簡単に大量捕獲でき、しかも加食部位も多いありがたい存在もいる。セミの幼虫などがそうだ。

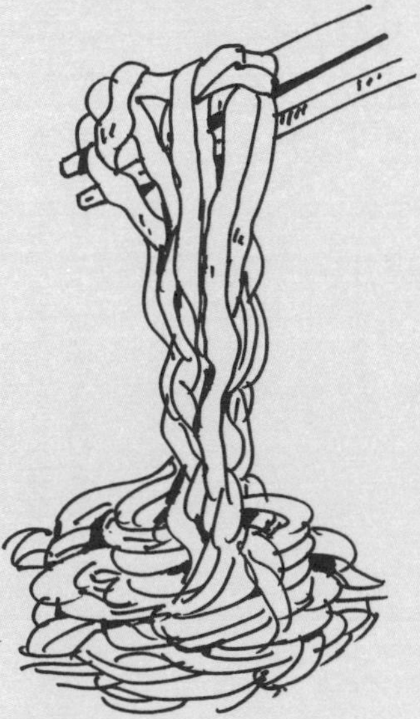

G 個性的な食材も有用な可能性大

ツバメの巣のような尖った食材も、野食には多い。たとえばアメフラシの卵塊に重曹を加えて軽く茹でると、未知の歯触りの麺になる。

H 食えるが不味いものもある

汚い川のハクレンのように、食べられるうえに可食部位も多いが、どうしようもなく不味い食材もある。

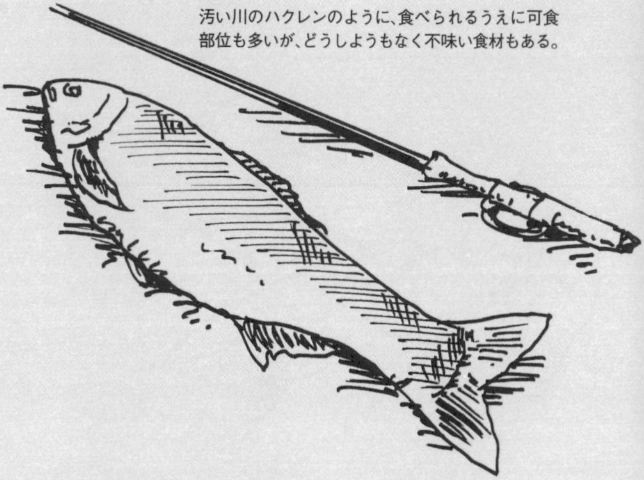

『身近で簡単な食料調達』

身近な場所にも食べられる野草や生物は多い。野食デビューに最適な食材を紹介しよう。

Stage 郊外の森林

身近な森林にも、食べられる野草は少なくない。生食できるものもある。

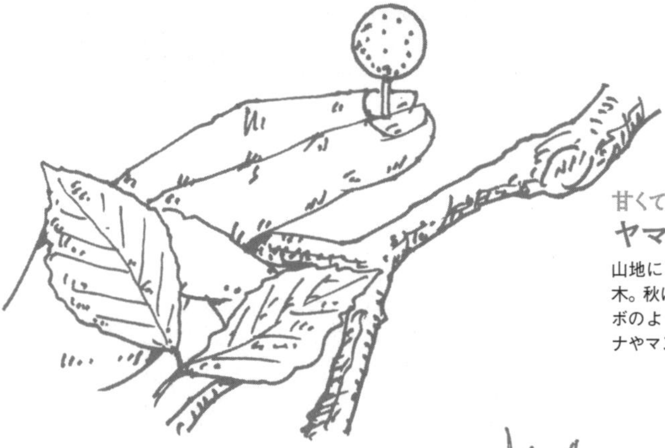

甘くて美味い山のフルーツ

ヤマボウシ

山地に多いミズキ属の落葉高木。秋にはイボイボのサクランボのような実をつけるが、バナナやマンゴーを思わせる味だ。

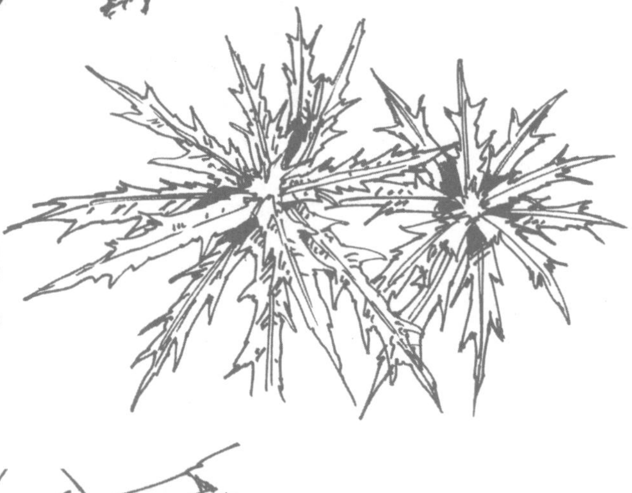

入手しやすい
優秀な食材

アザミ属

山から人里まで広く自生しているキク科の仲間。種によって違うが、春の新芽や初夏に伸びる茎は食べられる。

ミズと呼ばれる人気の山菜

ウワバミソウ

渓谷や水辺、湿地に多い。春から夏にかけては赤い茎が食べられる。付け根には粘りがあるので、叩くとトロロのようになる。

まとめて採取できる

ミゾソバ

湖沼や川沿いに群生する。飢饉の救荒食物として田んぼの畔に植えられていた。細かい棘がありザラザラしているが茹でると気にならなくなる。

茎がみずみずしい

アオミズ

水辺に多いアオミズは、春から秋にかけて茎が食べられる。人里にも多いが、なぜかマイナー。

生食でもいける

ヤマイモのムカゴ

天然のヤマイモ（自然薯）を掘るのは大変だが、蔓につけるムカゴなら簡単に採れる。ムカゴ飯以外に生食もできる。

ビタミンたっぷり

ガマズミの実

秋から初冬にかけて赤い実をたくさんつける。明るい山地に多いが、公園などに植樹されていることもある。冬に近づくほど実が甘くなる。

癖がなくて食べやすい

ブナ

ブナの実は食べられる。渋みが少ないので軽く炒るだけでも美味いが、生食もできる。

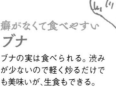

Stage 沼

食材に乏しそうな沼地にも、食べられるものはある。
ヒシの実を食用にできることを知っているだろうか？

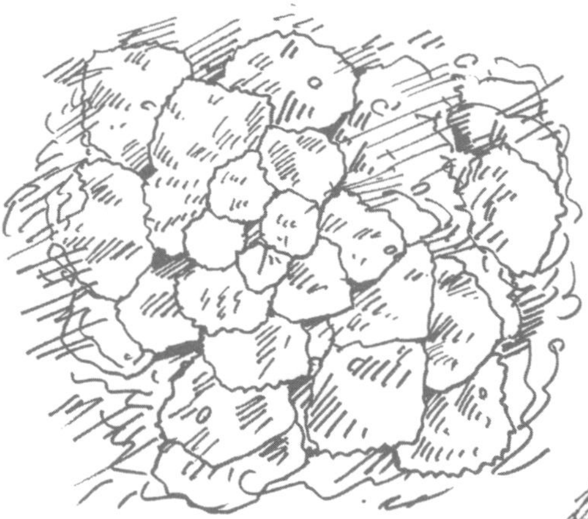

実は秋が旬

ヒシ

沼の水面を覆うヒシも、実を食べることができる。青く若い実が手に入る秋が旬だ。

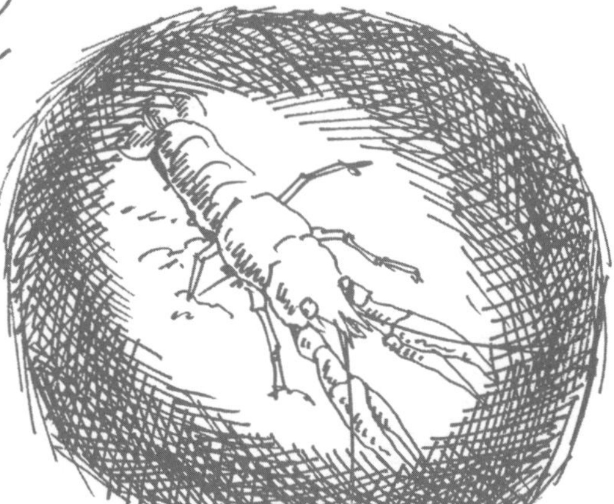

上品な味

ザリガニ

どこにでもいるザリガニだが、淡白で上品な味がする。夜行性で夜に活発に活動している。

植物の中に潜む

ヌマエビ

水辺の植物の中を網で探るとヌマエビが大漁になることも。唐揚げにするとビールによく合う。

ヌマエビの採取に有効なガサガサ漁

Stage 土手

沼や川の土手にも、食材は多く潜んでいる。
特に冬のドジョウは脂が乗って非常に美味い。

どこの土手にも生えている

ギシギシ

簡単に見つかるギシギシ。葉は苦いが、新芽は柔らかく食べやすい。暖かい場所なら年中採れる。

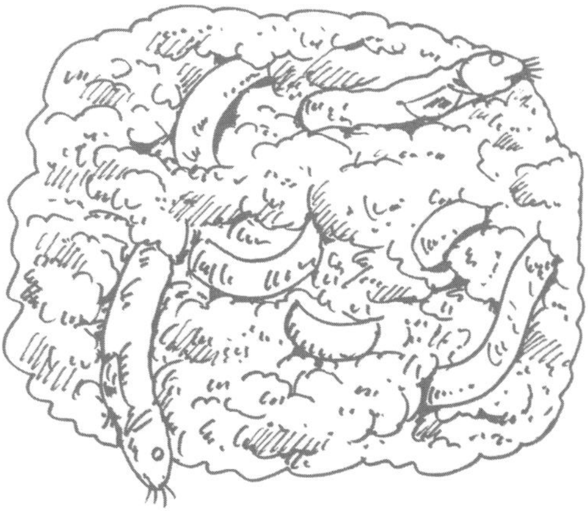

冬こそ旬

ドジョウ

土の中で越冬するドジョウを掘り起こして採取する。この時期のドジョウは丸々と太り、脂も乗っている。

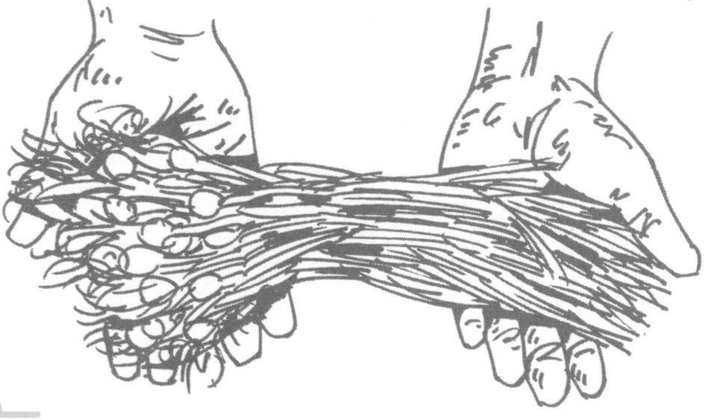

野生のネギ

ノビル

土手に群生するノビルは香りと辛みが強く、ネギの代用に向く。葉も球根も食べられる。

Stage 海辺・河口

身近な海辺や河川の河口には、食べられる海産物が無数にある。
素晴らしい出汁がとれるものも多い。

澄んだ殻を持つ貝

ソトオリガイ

河口の干潟で大量に採れる、澄んだ殻を持つ貝。見た目はミル貝に似ている。ソテーが美味い。

大型でいくらでも採れる

オキシジミ

河口部の干潟でたくさん摂れる、直径6cmほどの二枚貝。少し臭みがあるため香辛料を使った料理に合う。

貴重だが美味

イソニナ

磯の石についているが、あまり数は採れない。飲み屋でお馴染みのバイ貝の仲間なので、バイ貝同様に醤油味で煮るといい。

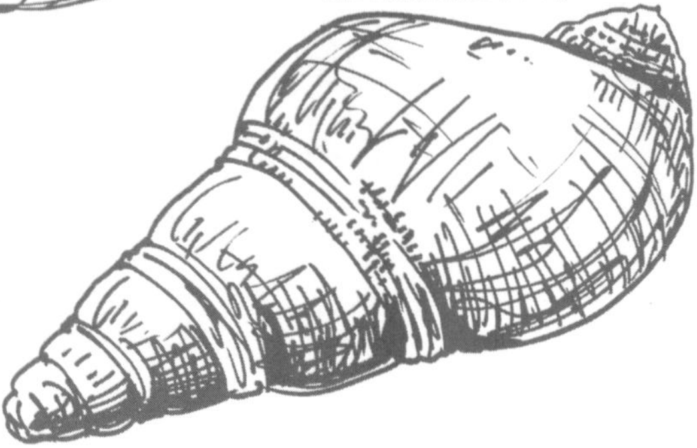

毒ウニだが
卵巣は食べられる

ガンガゼ

棘の長さが30cmを超える大きなウニ。6月ころに成熟する卵巣を食べる。棘には毒があるため気を付けて採取する。

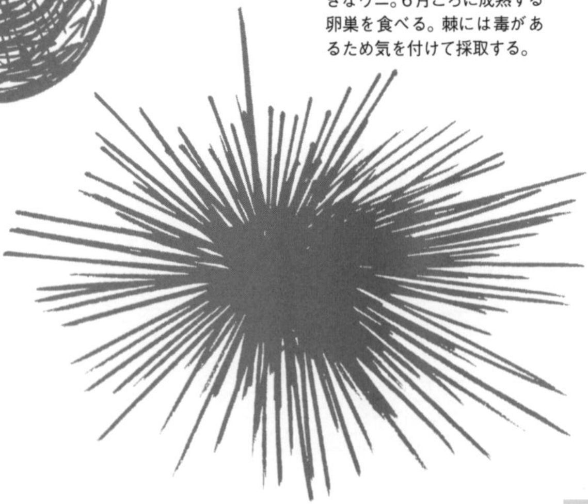

協力／茸本朗（P100-101）

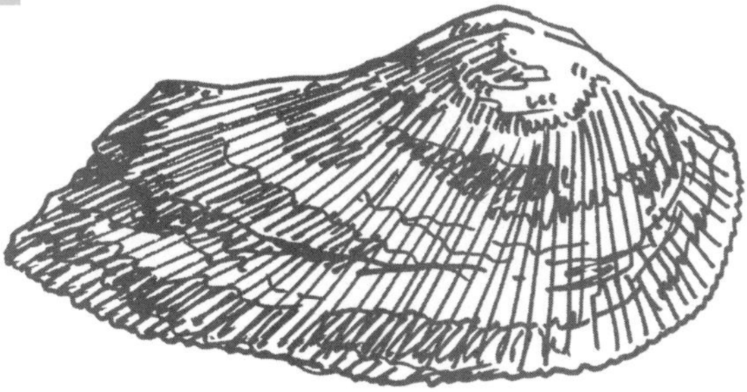

手軽に採れるのに美味い

エガイ類

テトラポッドや船着き場のスロープなどにいる、殻長5cmほどの貝。濃厚な出汁がとれる身は歯ごたえもいい。

実は珍味

イソギンチャク類

実は、内湾の干潟にいる小型のイソギンチャクの多くは食べられる。半分に切って内臓の汚れを落とし、酢を揉みこんでぬめりをとる。煮込んでもいいし、スペインではフリッターにするという。

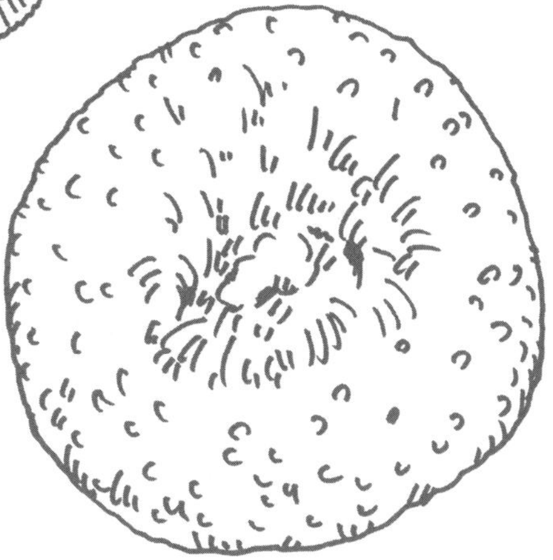

至高の出汁

オニヤドカリ類

大きな巻貝に棲む、大型のヤドカリの総称。やや深い海に棲むが、網にかかったものが捨てられたのか、港内にも生息する。可食部は多くないが素晴らしい出汁がとれる。

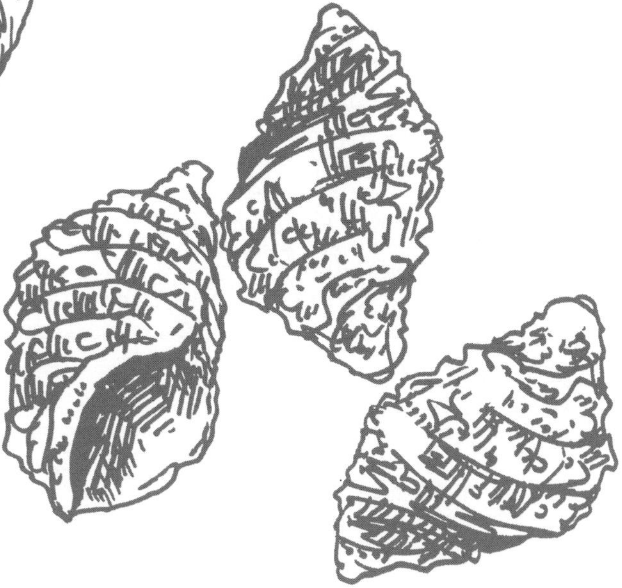

ホラ貝の中でも
一番美味

カコボラ

直径10cm程度の小さなホラ貝。甘い身を刺身やソテーにすると言葉を失う美味さ。内臓と唾液腺には毒がある場合があるので注意。

Stage どこでも

**日本全国、どこにでも生えている雑草だが、食べられるものは少なくない。
地域によっては食用とされる雑草もあるくらいだ。**

花も食べられる

ヒメジョオン

白い花を咲かせるヒメジョオン。苦みが強いが、食べることはできる。

ドクダミ茶でおなじみ

ドクダミ

葉を茶にすることが知られているが、天ぷらにしても香りがあり美味しい。

春の芽が柔らかい

カラスノエンドウ

春先の柔らかい芽や豆を食べる。古代オリエントでも食べられていた。

味はあっさり

オオバコ

雑草を代表するオオバコも食べられる。苦みもアクも少ないため、天ぷらやお浸しで。

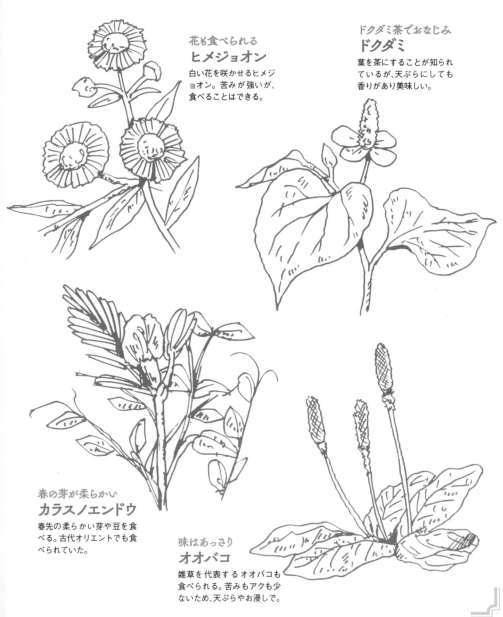

若葉を炒め物に

ノゲシ

キクの仲間。春から夏にかけての若葉やつぼみが美味。軽くアク抜きをするといい。

葉も茎も食べられる

ツユクサ

葉も茎も癖がなくて柔らかい。若い葉や茎はサラダにしてもいい。

ヨーロッパ料理の定番食材

スイバ

ヨーロッパでは昔から若葉や茎をサラダやスープ、副菜にしてきた。酸味が美味い。

クローバーのような三つ葉

カタバミ

葉も花も食べられる。湯がいてから水にさらし、かき揚げにするといい。

雑草の定番調理法

天ぷら

かき揚げ風にしてもよい。加熱することで臭みが抑えられるため、多少手間はかかるが万人向けだ。

おひたし

塩をひとつまみ入れた湯で茹で、水を切って醤油をたらす。硬ければ茹で時間を長くとる。

COLUMN

寄生虫は移動する

野食と寄生虫は切っても切り離せない関係にあるが、同じ食材でも、寄生虫のリスクは地域によって変わる場合がある。たとえば、北海道のエキノコックスは有名だ。

ところが、愛知県でもエキノコックスが発見され、話題になった。エキノコックスに限らず、寄生虫は人間による放流やペットとの旅行などにより移動することがある。したがって、寄生虫に関する常識は変わる可能性があることを念頭に置いておきたい。

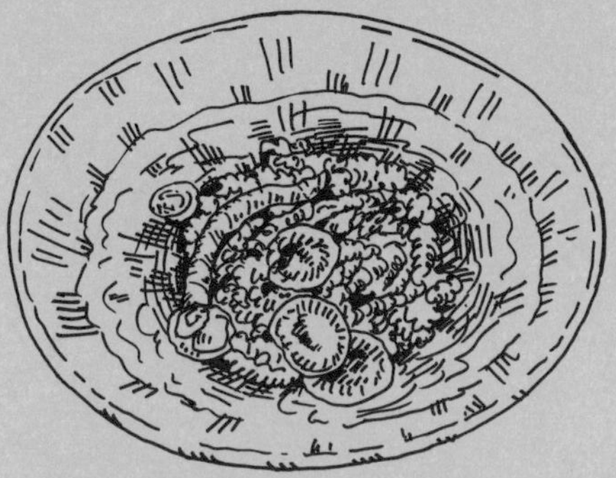

イタリアには寄生虫を食べる文化がある。
食べられることによって生活環が成り立つ
寄生虫には毒がない可能性が高いからだ。

Part.07

野食の実践

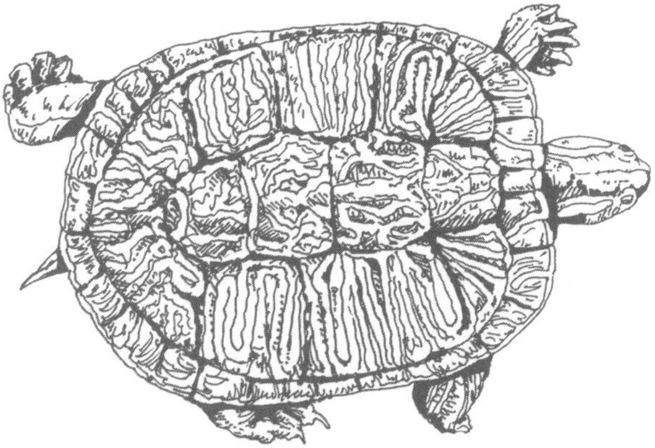

動物として、
動物を食べる

言うまでもなく、我々ホモ・サピエンスは動物だ。服を着て、スマートフォンなんぞをいじっているが、動物であることには変わりない。

では、動物である我々はどうやって生きているのか？　言うまでもなく、モノを食って生きている。では、どこで食うものを手に入れているのか？　近所のスーパーマーケットだろうか？　それとも、グローバルな飲食チェーンだろうか？

もし、そんな生活に少しでも疑問を抱いているなら、野食に挑戦してみよう。自らの手で食うものを捕らえ、ときには殺し、調理する。そんな経験をすれば、あなたは自分が動物だったことを思い出すだろう。それは、生きる本質を知ることに他ならない。

ただし、野食には食中毒などのリスクが伴うことも忘れないでほしい。だから、細心の注意を払って実行することが必要だ。人間以外のすべての動物が、そう生きているように。

手軽に動物性タンパク質が得られる入門的野食3選

難易度が高そうな野食だが、実は身近なところにも、簡単に手に入れられる食材がある。代表的な食材を紹介しよう。

アメリカザリガニ

水辺にいくらでもいるアメリカザリガニ。
欧米で食べられているだけあり、食材としても最高だ。

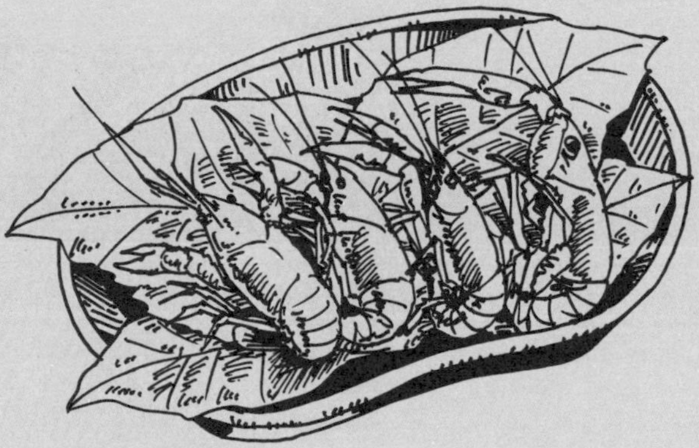

捕らえやすく食べやすい

水田や用水路に多く生息する。タコ糸とスルメで釣ってもいいが、網があれば簡単に採れる。

❶ 泥を落としてボイルする

泥抜きできればベストだが、すぐに食べるなら念入りに洗ってから塩を振って茹でよう。5分も茹でればエビのように赤くなる。

❷ エビのように食べる

頭をとり、殻を剥いてかぶりつく。背ワタは泥臭いことがあるので、取り除いてもいい。

※2023年よりアメリカザリガニやアカミミガメが条件付特定外来生物に指定され、規制が強化された（「個人の販売目的でない飼育は可能」等の例外あり）。特定外来生物は生きたままの運搬が禁止されているので注意しよう。

フジツボ

磯にびっしりとくっついているフジツボは、実は食べられる。しかも美味だ。

実は甲殻類

岩や船底、他の動植物などにくっついているが、実は甲殻類（甲殻亜門）に分類される。エビやカニの仲間なのだから、美味くないはずがない。

1

スパナなどで剥がし落とす

岩に固着しているフジツボを、スパナなどで剥がし落とす。ヘラを使う手もある。

2

海水で茹でる

海水で茹で、殻を割って中の身を食べる。香り高いカニのような、えもいわれぬ旨味を味わえるだろう。

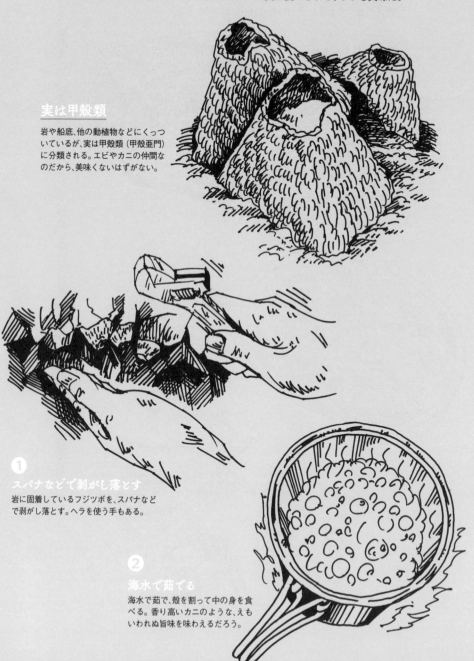

バッタ

子どものころに追いかけたバッタも、実は食べられる。
しかも鉄分に富む高栄養食なのだ。今回は天ぷらにしてみよう。

1 生きたまま衣につける

洗ったバッタを天ぷらの衣につける。沈めると逃げ出しにくい。

2 普通の天ぷらのように揚げる

衣をまとったバッタを揚げる。きつね色になったら引き上げ、油を切る。

3 油を切る

パリッとした食感が楽しめる。
臭みはなく、無味無臭に近い。
だが栄養に富んでいる。

※昆虫は甲殻類と同じくキチン質を含んでいるため、甲殻類アレルギーの場合は摂取を控えた方が良い。

田舎の味の山菜レシピ

かつての田舎では、山菜が食卓に上ることが珍しくなかった。その味を再現してみよう。

ココミ、フキ、ゼンマイなどのおひたし

山菜料理の基本が、湯がいてから冷水にさらして絞るおひたしだ。ものによっては重曹によるアク抜きが必要だが、山菜の味を直接味わえるシンプルな調理法だ。

ネマガリタケのグリル

山地に群生するチシマザサの若竹であるネマガリタケは、皮を剥いてそのまま食べると甘さを堪能できる。炭火で炙って味噌で食べるのもいい。

バイカモのおひたし

バイカモとは、清流に生える水草。さっと茹でてポン酢で食べると絶品だ。

ウドのきんぴら

代表的な山菜であるウドだが、成長して木になっても食べられることは案外知られていない。薄切りにしてから酢を入れた水に浸してアク抜きし、きんぴらにすると歯ごたえを楽しめる。

オカヒジキの酢の物

栽培種がスーパーでも買えるが、本来は砂浜に自生する。さっと茹でて三杯酢で食べよう。

ヤマブドウの天ぷら

ヤマブドウは実だけではなく、葉や蔓も食べられる。ブドウのような酸味ともちもちした食感は唯一無二。

フキノトウのクルミ入り バッケ味噌

湯がいたフキノトウを刻み、味噌と砂糖で炒めてから砕いたクルミを加える。濃厚な味わいだ。

野食上級者が好む美味い食材

野食とは、決して飢えをしのぐための手段とは限らない。身の回りには、美味い食材も少なくはないのだ。

カエル

身近な両生類であるカエルは、フレンチの食材になるポテンシャルを秘めた食材でもある。
その味は臭みがなくジューシーだ。

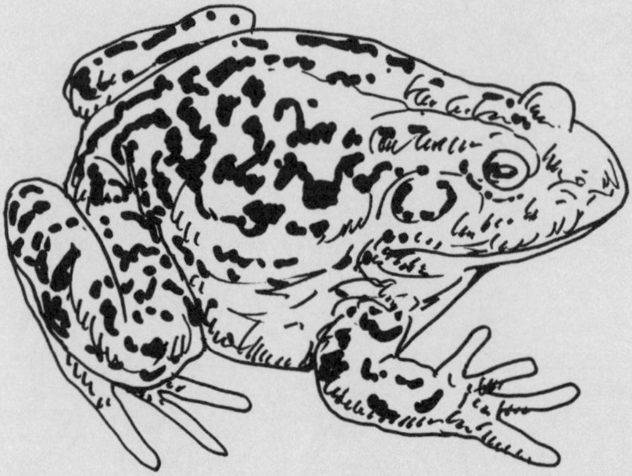

ウシガエル

食用として輸入されただけあり、味がよく肉も多い。ただし、特定外来生物なので生きたまま輸送はできない。

トウキョウダルマガエル

「トノサマガエル」と呼ばれるカエルは多くがこれ。肉の量は少ないが味が濃い。

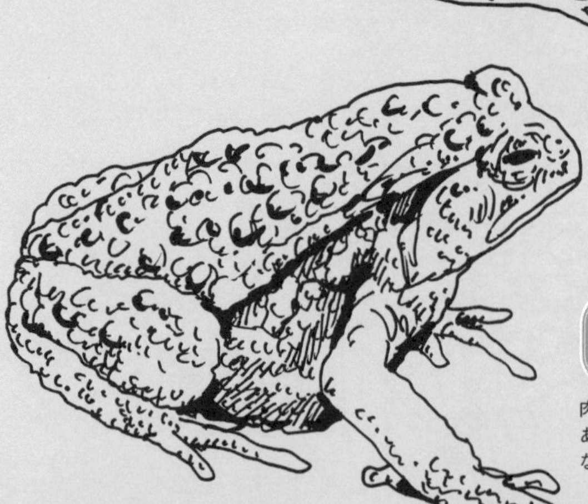

ヒキガエル・アオガエル類

肉は無毒だが、皮や毒腺に毒がある。よほど調理の腕に自信がない限り食べるべきではない。

カエルの捕らえかた

上から手をかぶせて押さえ、首の付け根を握るようにする。こうするとカエルは脱力する。

カエルの下処理

カエルの下処理は難しくない。まず目のすぐ後ろを切って失血死させ、次にその切れ目から靴下を脱がすように皮を剥く。そして内臓をとれば終了だ。メインは腿だが、可食部が少ない胴体からもいいダシがとれる。

カエルの調理法

特にジューシーでクセのないウシガエルの腿は唐揚げが美味い。魚肉と鶏肉の中間のような食感も心地いい。

ミドリガメ

正式名称ミシシッピアカガメ。今や日本中の河川や沼地に広がり、
在来種を脅かしているミドリガメは、実はとても美味い。下処理の方法を紹介しよう。

1 首を引っ張り出し、落とす

裏返して首を伸ばすのを待ち、伸びた首をナイフで引っ張り出し、別のナイフで切り落とす。噛まれないように注意。

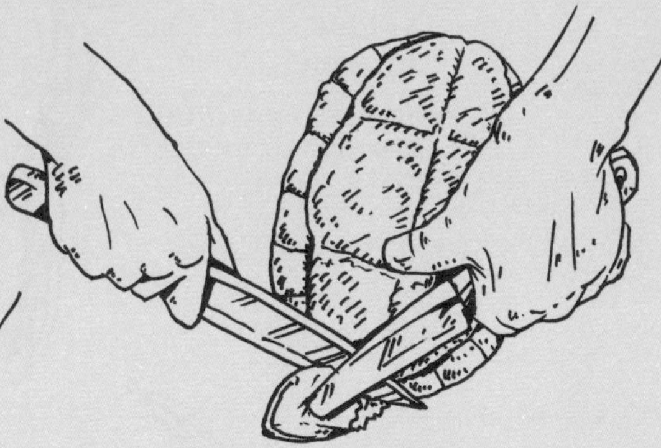

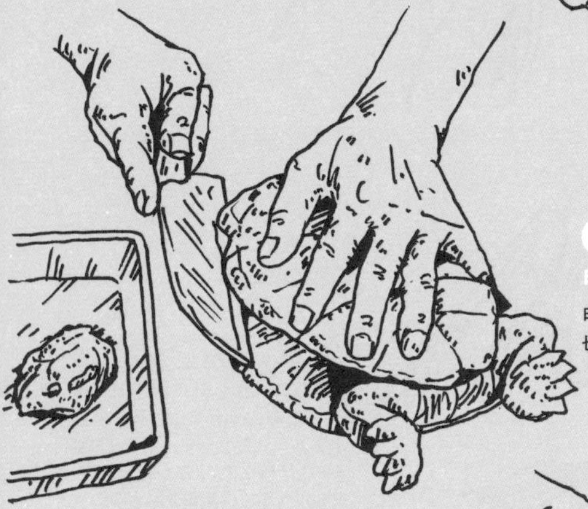

2 甲羅の底面を切り離す

甲羅の側面をノコギリで切り、甲羅の底面を切り離す。内臓を傷つけないように作業する。

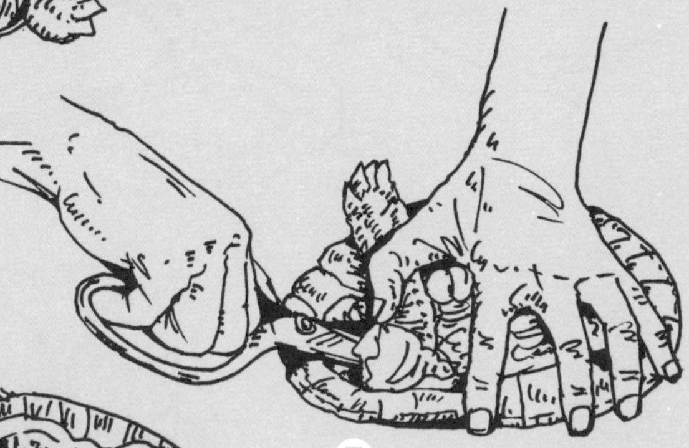

3 甲羅から肉を切り離す

首の後ろと尾の近くの2か所で甲羅と肉がくっついているため、そこを切り離す。ナイフか植木ばさみが使いやすい。

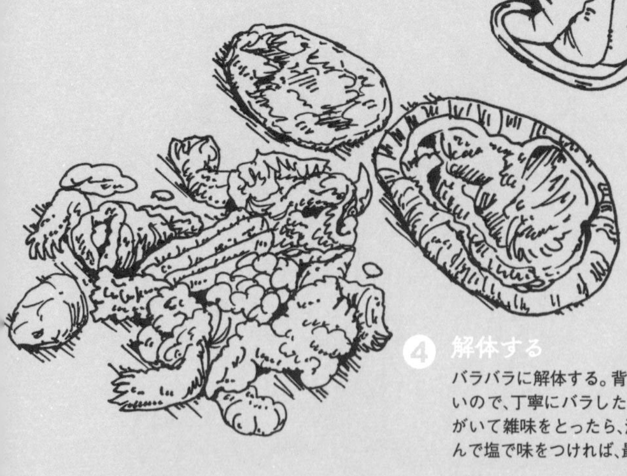

4 解体する

バラバラに解体する。背のロースは特に美味いので、丁寧にバラしたい。その後さっと湯がいて雑味をとったら、酒を入れた水で煮込んで塩で味をつければ、最高級の鍋になる。

※2023年よりアメリカザリガニやアカミミガメが条件付特定外来生物に指定され、規制が強化された（「個人の販売目的でない飼育は可能」等の例外あり）。特定外来生物は生きたままの運搬が禁止されているので注意しよう。

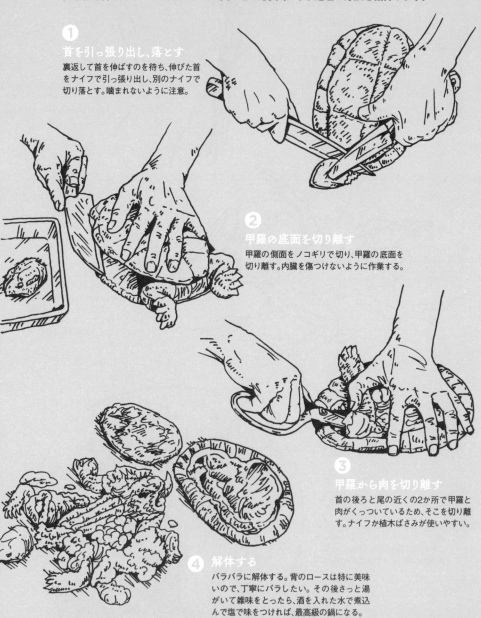

スッポン

スッポンは他のカメとは異なり、甲羅が背と腹とで分離している。味はもちろんお墨付きだ。

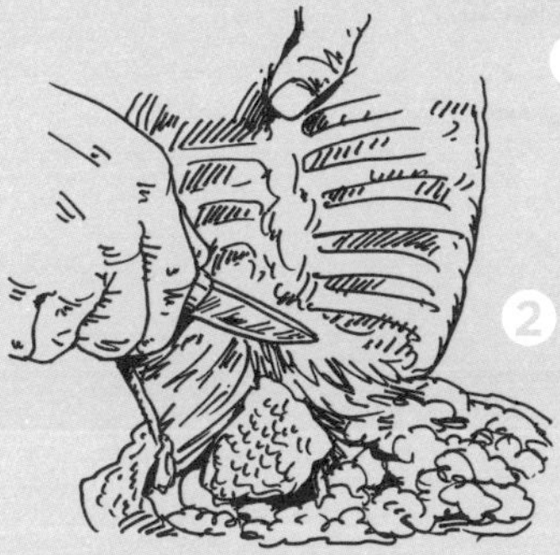

❶ 首を切り落とす

首をつかみ、根本から切る。首をつかむのはミドリガメよりも簡単だが、噛まれないように注意。

❷ 背側の甲羅を取り除く

内臓を傷つけないよう注意しつつ背側の甲羅を取り除く。ミドリガメ同様、首と尾部で甲羅と肉がくっついているので、そこを切る。

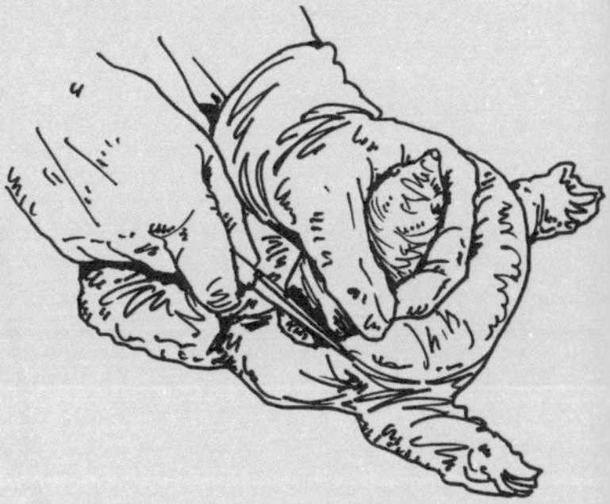

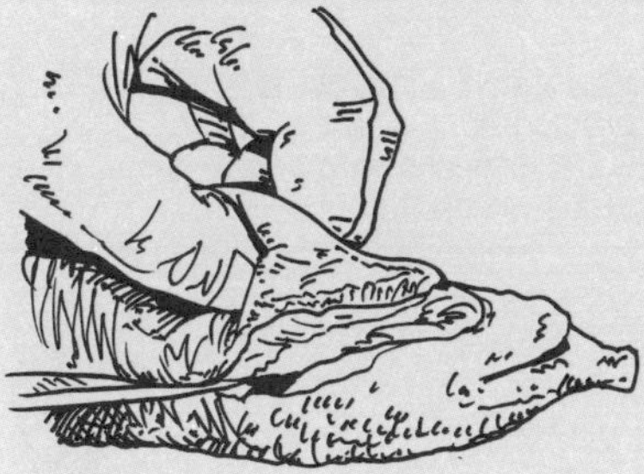

❸ 腹側の甲羅を取り除く

続いて、腹側の甲羅を取り除いていく。アールがついたナイフがあると作業しやすい。

❹ 顔と首を切り離す

顎部分にナイフを入れ、首から顔を切り離す。

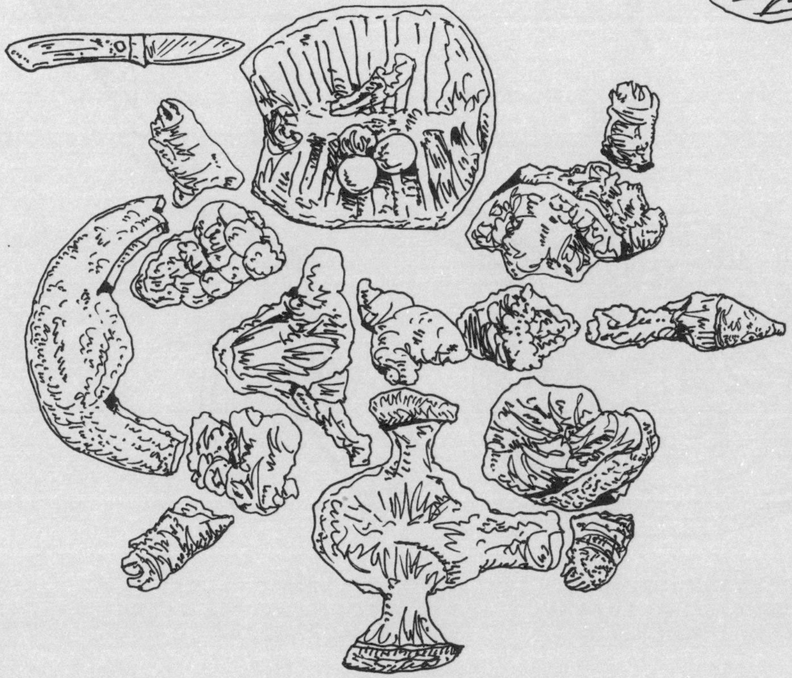

❺ 完成

バラバラになった。臭みがある胆のうと膀胱を破かずに取り除くのがコツだ。あとは、水と酒、塩だけのシンプルな鍋で味わってほしい。高級な地鶏のような味だ。

ヘビ

多くの文化圏で毛嫌いされているヘビだが、決してゲテモノではない。
あっさりした肉質の中にコクがあり、実に美味いのだ。

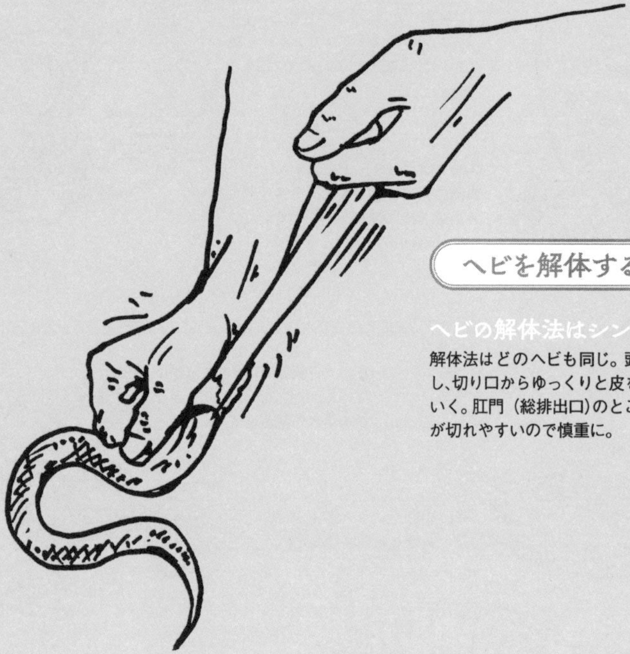

ヘビを解体する

ヘビの解体法はシンプル

解体法はどのヘビも同じ。頭を落とし、切り口からゆっくりと皮を剥いでいく。肛門（総排出口）のところは皮が切れやすいので慎重に。

ヘビの調理法

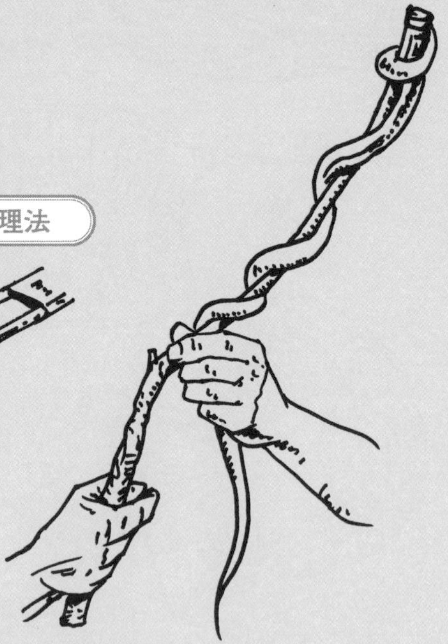

揚げる手もある

小型のヘビなら丸揚げも美味い。また、内臓は脂が多いので、断食させてから揚げてもいい（ヤマカガシは除く）。

手軽で美味いヘビせんべい

生木に巻き付けて、たまに回しながら、焚火でじっくり焼く。すると、骨まで食べられるヘビせんべいになる。

美味いヘビランキング

ヘビといっても多様だ。そこで、味だけではなく、
捕獲の労力と肉の量のバランスまで含め、総合的な観点からランク付けした。

NO. 1 シマヘビ

縦じま模様とルビー色の目が特徴。肉は臭みがなく、あっさりしているのにコクがある。毒牙はないが、歯は剃刀のように鋭いので注意。

NO. 2 マムシ

意外なNo.2はマムシだ。毒があるため捕獲には注意しなければいけないが、肉は「山ウナギ」の別名に恥じないほど美味い。

NO. 3 アオダイショウ

捕まえやすく、大きい。肉は臭いという人もいるが、山に棲む個体は臭線の液体が肉に触れないよう注意すれば臭くない。ただし、骨は硬い。

NO. 4 ヤマカガシ

毒は凶悪らしいが、牙が貧弱なので人に危害を加えるケースは少ない。ヒキガエルの毒を溜めて飛ばす技を持つが、そのせいか肉は苦く美味くない。

『河川大国・日本の伝統魚食文化』

大小さまざまな河川が流れる日本では、淡水魚こそがもっとも身近な野食の食材と言える。

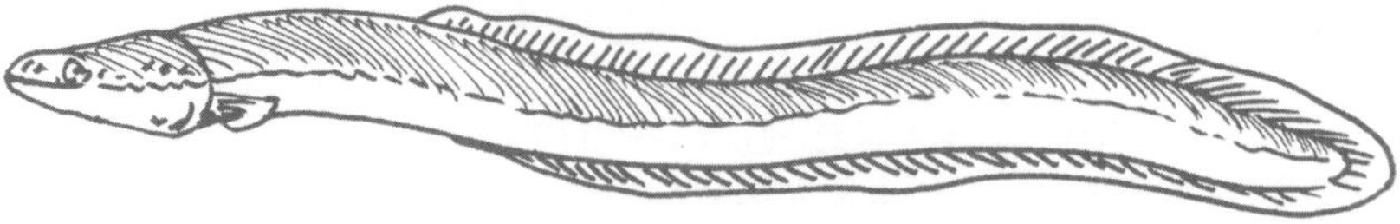

ウナギ

川魚の王道はウナギだろう。高級なイメージが強いが、実は海と繋がっている河川の下流域では珍しくない。調理法は、やはり蒲焼きが最高だ。

ギンブナ

「小鮒釣りしかの川……」と歌にも歌われるギンブナは、下流域を代表する淡水魚だ。やや泥臭さがあるので、しょうがと酒、みりん、しょう油、砂糖でしぐれ煮にするのがいい。

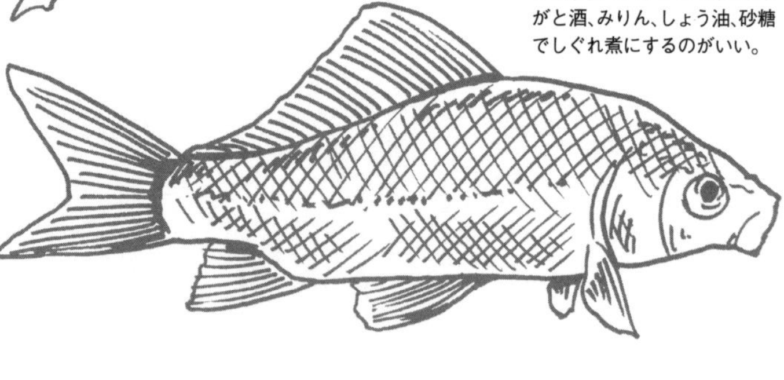

川に行けば食料がある

都市部から山間部まで、日本にはいたるところに川がある。そして、その川には、必ず魚がいる。淡水魚だ。

スーパーに並ぶ魚は海で採れるものばかりだが、内陸部の日本人は、古来から淡水魚を食べてきた。動物性タンパク質の塊である淡水魚は、日本人の身体を作ってきた食材と言っても過言ではないのだ。

多くの人が、ウナギや鮎くらいを除いて淡水魚の味を忘れた今日でも、川には大量の魚が棲んでいる。食べない手はない。

河川によっては漁獲方法や時期が定められている場合もある。地元の自治体のホームページで調べるといいだろう。

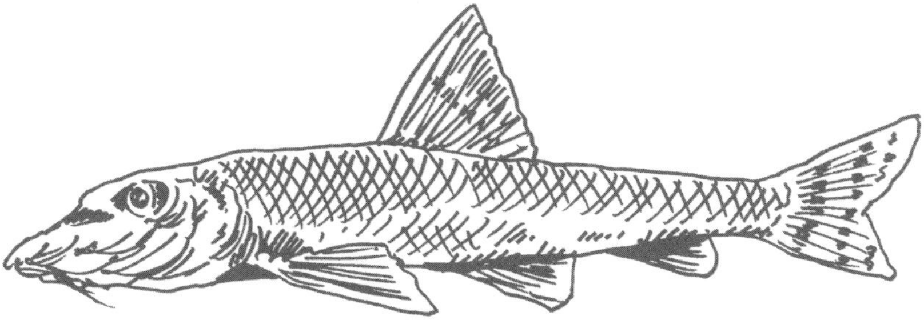

カマツカ

あまりメジャーではないが、河川の中～下流域に生息する。シロギスに似た淡白な身が特徴で、塩焼きや天ぷらが美味い。

ちょっとレアだが美味い川魚たち

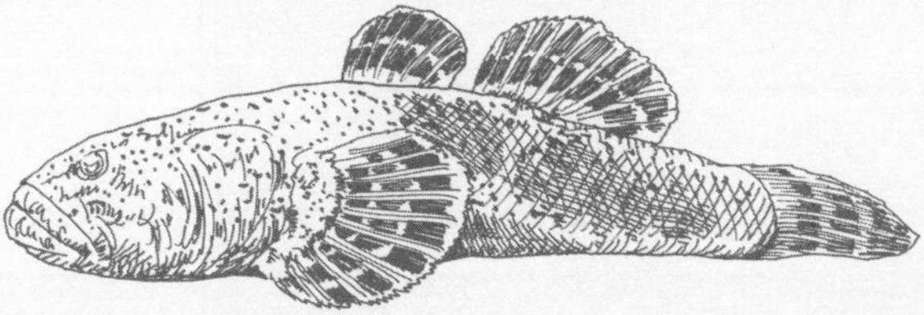

ドンコ

愛知県・新潟県以西の河川に棲むハゼの仲間。岩陰に潜むので、網で採る。ウロコと腸を取り除いて素揚げにするか、味噌汁が美味い。

スゴモロコ

琵琶湖原産のモロコの一種だが、現在は関東平野などにも定着している。全長10cmと小さいので天ぷらにするか、冷凍してから刺身にする手もある。大きい個体が釣れたら塩焼きもいい。

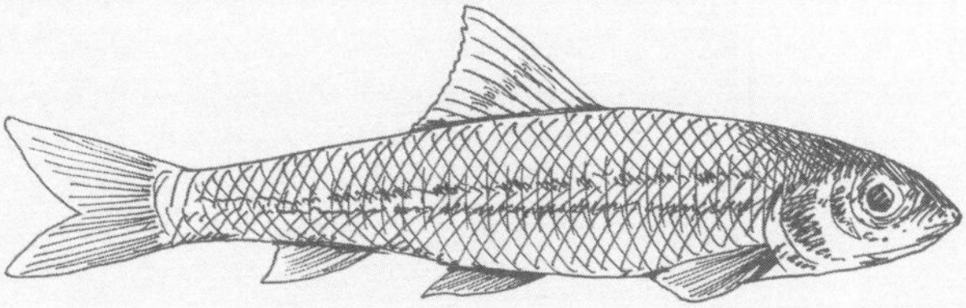

チワラスボ

静岡以西の河口域の泥干潟に棲むハゼの仲間。泥の中にいるので網ですくいあげるといい。エイリアンのような面構えだが、唐揚げにすると非常に美味。

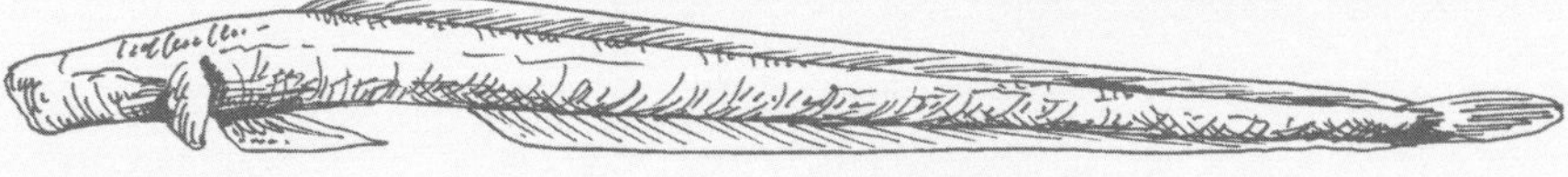

COLUMN

昆虫食は世界的文化

今、世界的に注目されている野食が昆虫食だ。

昆虫は、牛や豚などの畜肉よりも栄養価が高い。内臓や甲殻もまるごと食べられるためだ。だから、100gの牛ステーキを食べるよりも、100gのイナゴを食べたほうが栄養上の効率は高い。

また、風味も多様だ。たとえば、昆虫食界の王と言われるカミキリムシの幼虫には甘いバターのような味が、タガメは洋ナシのような香りがある。多種多様に美味いということだ。

だから、昆虫は世界中で食べられてきた。古代中国はシロアリの卵の塩辛で客をもてなし、古代ギリシャやローマではセミを食べていた。日本人も、イナゴや蜂の子、ザザムシなどを食べてきた。

生では食べられない点や甲殻類アレルギー、有毒昆虫に注意する必要はあるが、今も世界90カ国で食べられている食材が昆虫だ。野食には欠かせない食材だと言えるだろう。

Part.08

狩猟

※本稿は2023年時点の情報に基づいて作成しています。

ハンターになるために

実は、すべての日本人は、決められた範囲内であれば動物を狩って食べることができる。究極の自給方法でもある狩猟は、決して狩猟採集の時代や遠い国の話でもないのだ。

猟銃や罠、網などの法定猟具を使う場合は狩猟免許が必要となり、猟銃を所持する場合にはさらに銃砲所持許可が必要になるが、日本国内でも猟銃を持つことはできるのだ。また、狩ってよい野生の鳥獣は国によって指定されているが、その数は46種もある。

免許をとり、猟具を入手したら、あとは狩猟が許されている秋〜冬の狩猟期間に、やはり狩猟が許可されている場所に出かけるのみ。そこでは、獲物たちが待っているだろう。猟具を手に獲物と対峙すれば、あなたは1人のハンターとなる。

銃猟とわな猟

2つの狩猟方法を知る

狩猟方法には大きく分けて、銃猟とわな猟との2種類がある。いずれも基本的に免許が必要だ。

銃による猟

もっともスタンダードな猟法。狩猟に用いられる銃には散弾銃、ライフル銃、さらには手軽な空気銃がある。

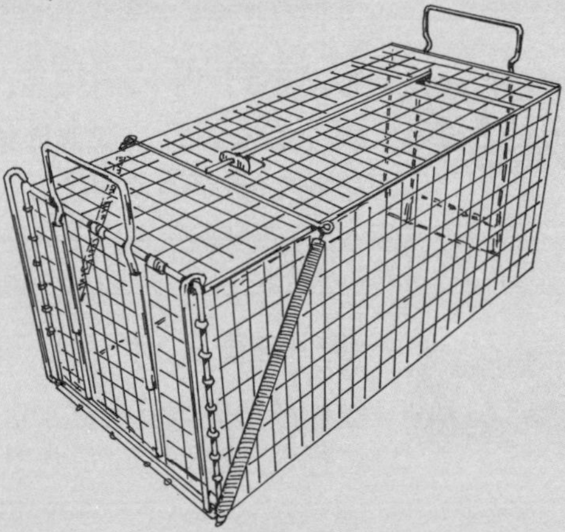

わなによる猟

わなを使った猟も可能だ。狩猟免許をとり、狩猟者登録をすればすぐに猟ができるためハードルは低い。しかし、わなの種類や設置方法など奥が深い点では銃猟と変わらない。

基本的に免許が必要

狩猟の方法には、大きく分けて、銃で獲物を撃つ「銃猟」と、仕掛けたわなに獲物がかかるのを待つ「わな猟」との2種類がある。

いずれも免許が必要だが、踏むべきステップが多いのは銃猟のほうだ。狩猟免許と狩猟者登録が必要なのはどちらも共通しているが、銃猟はそれらに加え、銃の所持許可もとらなければいけない。次ページから解説するように、銃の所持許可にはある程度の時間とコストがかかる。とはいえ、それらを乗り越えて所持した時の喜びは、何ものにも代え難いだろう。

わな猟は、狩猟免許をとり狩猟者登録を済ませ、そしてわなを入手すれば、基本的には狩猟を始められる。だが、わなそのものの奥の深さは銃猟に勝るとも劣らない。

銃の所持許可を取得する

銃の所持許可を得るまでの流れは大きく分けて4ステップ。
期間は多少必要とするが、チャレンジする価値は十分にある。

STEP 01 猟銃等講習会を受ける

都道府県で月に1回ほど開催される初心者講習を受け、修了証明書を入手する。

STEP 02 射撃教習を受ける

警察署で教習資格認定申請をし、受理されたら射撃場で受講する。

STEP 03 所持許可の申請

購入する銃の「譲渡等承諾書」と各種書類を揃え、警察署で申請。

STEP 04 銃を購入する

銃砲所持許可証と買った銃を持って警察署に行き、確認する。これで手続きが完了だ。

警察署と銃砲店を行き来する

殺傷能力がある銃を手に入れるためには、厳重な手続きを踏まなければいけない。

まずは初心者講習を受けて筆記試験を通過し、修了証明書を入手する。次に射撃教習を受講するための教習資格認定申請を警察署で行うが、申請には戸籍謄本や精神科医の診断書などが必要で、許可が下りるまで1か月ほどかかる。

無事教習射撃に合格し、教習修了証明書を受け取ったら銃砲店で購入する銃を決め、各種書類と共に再び警察署へ。問題がなければ、1か月ほどで銃の所持許可証が手に入る。後は銃砲店で銃を手に入れ、最後にもう一度警察署で確認作業を行うだけだ。

面倒なようだが、銃を手に入れるためのハードルと考えると無理もないだろう。気になる費用だが、中古の銃を選ぶなら、銃の値段を含めても20万円を下回る程度の出費で済む。

狩猟免許の取得と狩猟者登録

**銃の所持許可と並行して、狩猟免許の取得と狩猟者登録も必要になる。
さほど手間はかからない。**

STEP 01

狩猟免許取得試験

必要書類を揃え、試験に合格すれば手に入る。猟友会の講習でポイントを教えてもらうことも可能。

STEP 02

狩猟者登録

狩猟免許と銃の所持許可証が揃ったら狩猟者登録をする。シーズンごとに登録が必要で、狩猟は登録した都道府県に限定される。

STEP 03

弾を購入するための手続き

銃の弾を買うためにも譲受許可証などが必要。管轄の警察署か猟友会で入手する。

都道府県単位での狩猟者登録

右ページにある銃の所持許可をとる作業と並行して、狩猟免許の取得と狩猟者登録も行おう。

狩猟免許は、自動車の免許のように筆記試験・適性試験・技能試験で構成される。自信がなければ猟友会が主催する講習会に参加すれば試験のポイントを教えてもらえる。猟友会によって異なるが、費用は1万円前後なので困ったら参加するのも手だ。

狩猟免許と銃の所持許可証が手に入ったら、いよいよ狩猟者登録。都道府県知事の許可で行われるため、狩猟ができるのも登録した都道府県のみ。複数の都道府県で登録することも可能だ。

最後に、管轄の警察署に申請して猟銃用火薬類譲受許可証か、猟友会から無許可譲受票をもらい銃砲店などで装弾を購入すれば、狩猟の準備は完了する。

わな免許とわなの種類

銃猟と並んで行われているわな猟。銃猟免許とは別にわな猟免許が必要だが、銃砲所持の許可は要らない。

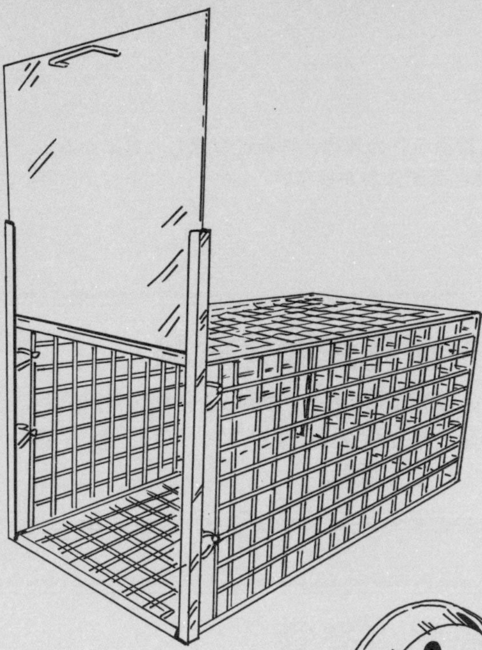

はこ罠

小型の獣をとらえるためのオーソドックスな罠。エサにおびき寄せられた獲物が中に入ると檻が閉まる仕組みになっている。

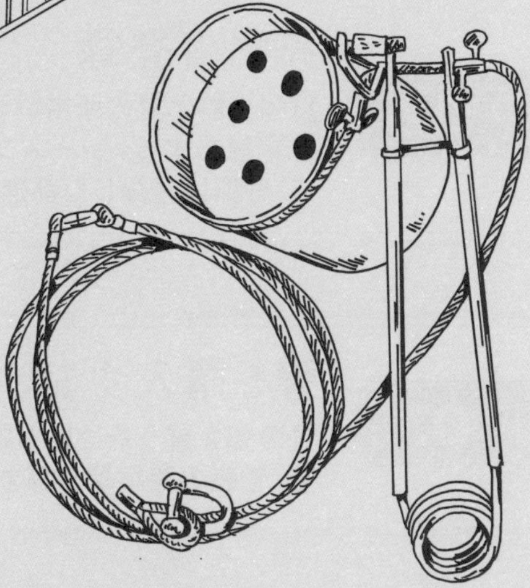

くくり罠

ワイヤーの輪を閉じることで獲物の脚を捕らえる罠。大型の獣でも捕獲できる。

銃砲所持許可が不要なわな猟

わな猟も、銃猟と同じように狩猟免許と狩猟者登録が必要だが、大きな違いは銃砲所持許可が要らない点。始めるまでのハードルが低いのだ。

わなは主にはこ罠とくくり罠が使われる。いずれも、獲物が通りそうな場所に仕掛け、かかるのを待つ。

ただし、わな猟も簡単ではない。他のわな猟師の迷惑にならず、かつ獲物が多い場所を見極めなければいけない。また、クマなど予想しなかった獲物がかかった場合のことも想定しておかなければいけない。さらに、獲物を〆るスキルも必須だ。

わな猟の腕を磨くためには、猟友会に入って先輩と交流するのもいいだろう。有意義な情報が得られるはずだ。

日本の狩猟鳥獣

日本で獲れる狩猟鳥獣は46種。代表的なものを紹介しよう。

テン

低山から亜高山の森などに棲む。夏は黒ずんだ顔に黄褐色の体毛だが、冬は白い顔に明るい黄色の体毛になる。

マガモ

川や湖沼にいることが多い。全長は60cmほどで、頭部の緑色やくちばしの黄色が目立つのがオス。メスは全体的に地味だ。

ニホンジカ

丘陵から山地にかけての森などに生息。草や葉などを食べる。都道府県によっては捕獲制限がかかっている場合がある。

獲ってはいけない鳥獣

（有害鳥獣捕獲の場合を除く）

イタチ（メス）

メスのイタチは保護獣に指定されているため、獲ることはできない。メスはオスよりもひと回り小さいのが特徴だ。

ドバト

日本の自然種ではなく、原種カワラバトを飼育改良した鳩。都市部でもしばしば見かけるが、基本的には獲ってはいけない。

種類を知る

空気銃

圧縮空気でペレットを発射する空気銃。
火薬は使わないが、かなりの威力がある。

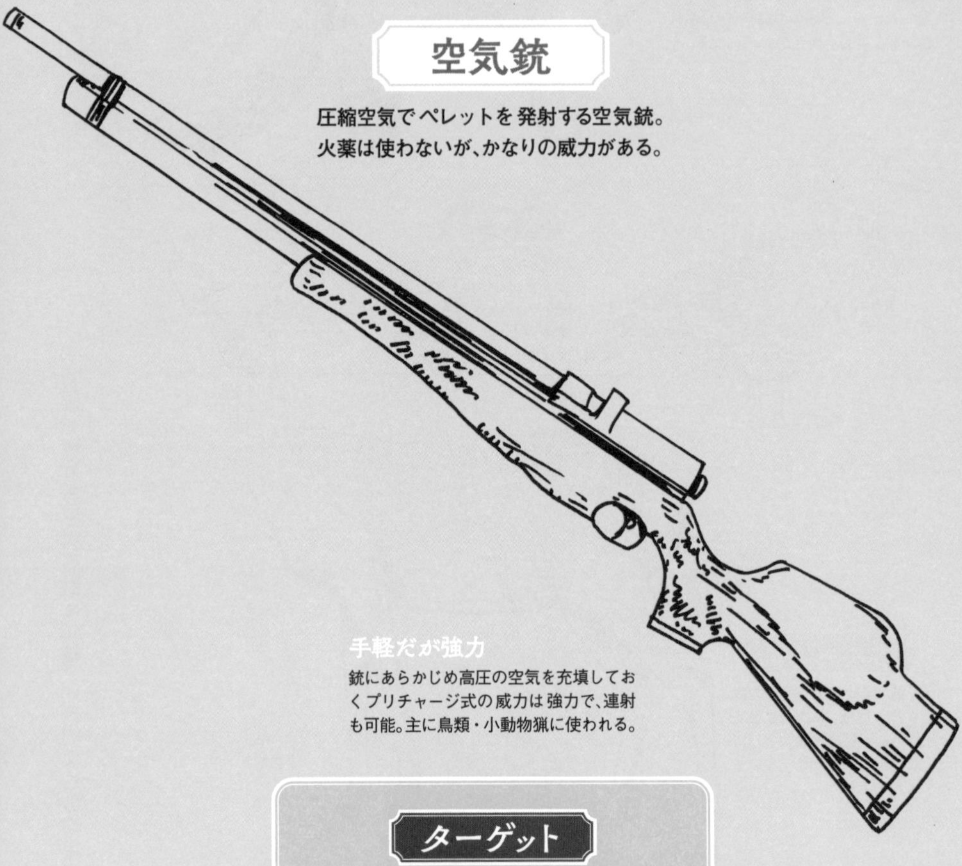

手軽だが強力

銃にあらかじめ高圧の空気を充填しておくプリチャージ式の威力は強力で、連射も可能。主に鳥類・小動物猟に使われる。

ターゲット

鳥類／小動物

侮れない空気銃

圧縮した空気を利用し、ペレットと呼ばれる弾を発射するのが空気銃だ。ペレットは鉛製のものが一般的で、鳥を狙うならば十分な威力がある。

火薬を使わないため手軽で静かなのが特徴だが、近年の空気銃は進歩しており、侮れない。わな猟で捕まえたシカやイノシシを〆るために使われる超強力なものもある。

いくつかのタイプがあるが、近年主流なのは、銃の中に空気を充填しておくプリチャージ式。他のタイプよりも高価だが、威力や精度はもっとも高い。

他にも、手動で空気を充填するポンプ式や、バネの力を使ったスプリング式があり、プリチャージ式のものよりも安価に売られている。

猟銃の

猟銃には、大きく分けて散弾銃、ライフル銃、空気銃の3種類がある。特性を知って使い分けたい。

散弾銃

狩猟ではもっとも一般的な散弾銃。撃つと広がる散弾と、1つの大きな弾を発射するスラッグ弾などがある。

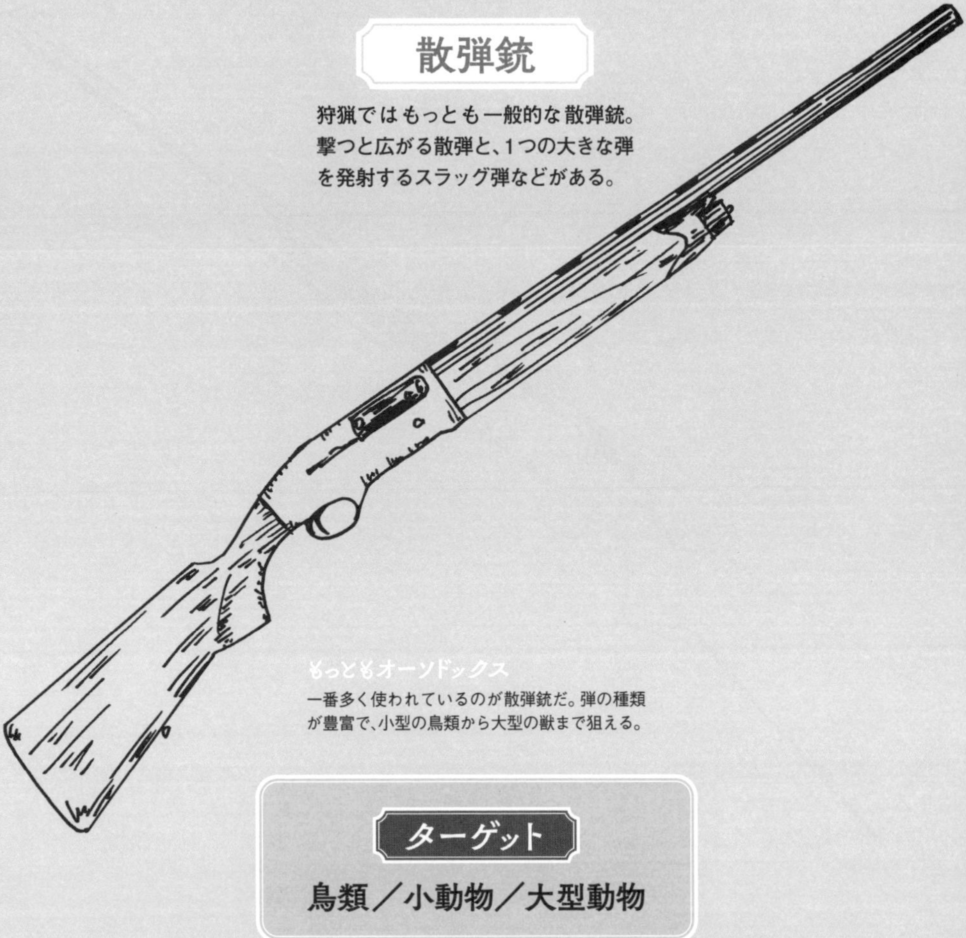

もっともオーソドックス

一番多く使われているのが散弾銃だ。弾の種類が豊富で、小型の鳥類から大型の獣まで狙える。

ターゲット

鳥類／小動物／大型動物

多様な獲物が狙える

日本の狩猟でもっとも広く使われているのが、ショットガンとも呼ばれる散弾銃だ。

たくさんの小さな弾が詰められている散弾は、点ではなく面で狙うことができるため、飛ぶ鳥を狙う場合には最適だ。

一方で、弾の種類が豊富なので様々な獲物が狙えるのも特徴だ。詳細はP131で解説するが、散らばらないスラッグ弾やサボット弾を使うことでイノシシやクマなどの大型獣も狙える。中古の銃が多く出回っているのも魅力だ。

ただし、空気銃と比べると発射音や反動は大きい。十分に習熟が必要だ。

ライフル銃

射程・威力ともに最強の猟銃。大型の獣を狩ることができる。それだけに、所持許可のハードルは高い。

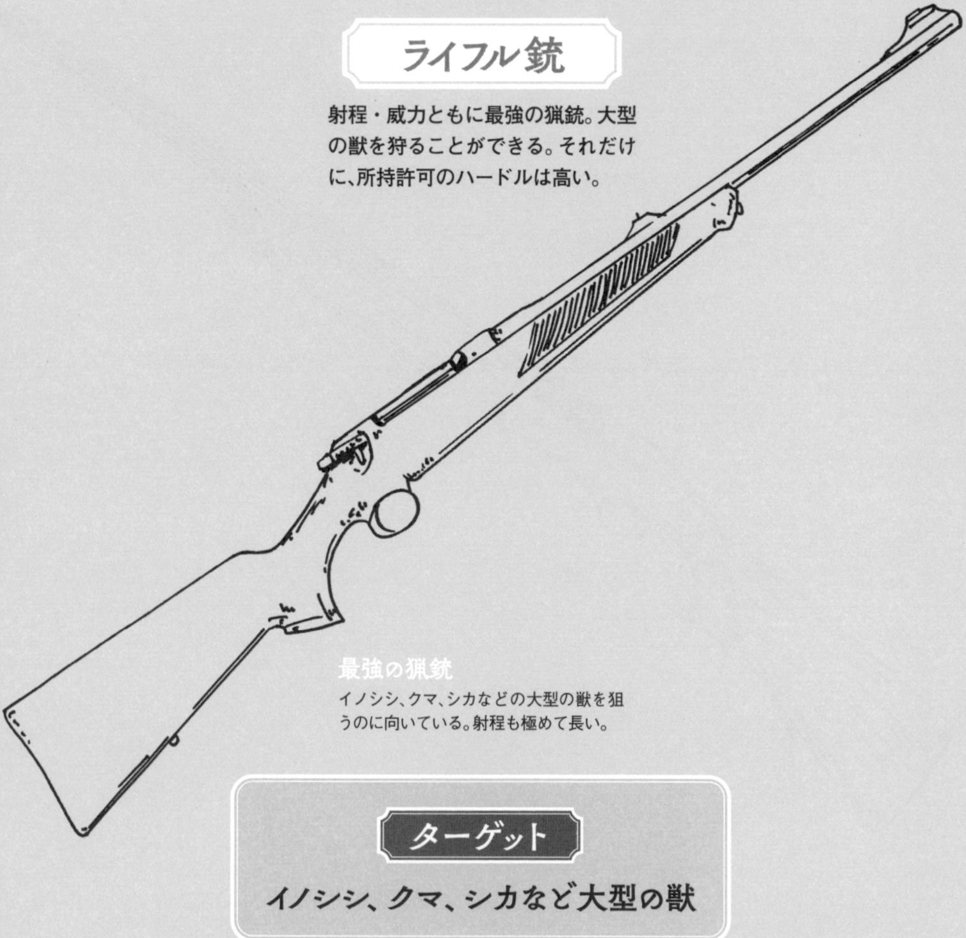

最強の猟銃

イノシシ、クマ、シカなどの大型の獣を狙うのに向いている。射程も極めて長い。

ターゲット

イノシシ、クマ、シカなど大型の獣

玄人向きの猟銃

銃身内に「ライフリング」と呼ばれる、銃弾を回転させて安定させるためのらせん状の溝が掘ってあるのが名称の由来。そのため、有効射程は３００ｍほどもあり、精度も高い。威力も大きく、クマやイノシシなど大型獣を狩るために使われる。

一方で所持のための基準は厳しく、散弾銃を10年以上継続して所持しなければ、持つことが許されない（空気銃はカウントされない）。

また、弾も高価だ。散弾銃ほどの万能性もないため、大型獣を狙う玄人向きの猟銃だと言えるだろう。

散弾銃の弾を選ぶ

弾の種類が豊富な散弾銃では、使い方に応じた弾の選び方がポイントになる。

散弾銃の口径は3種類

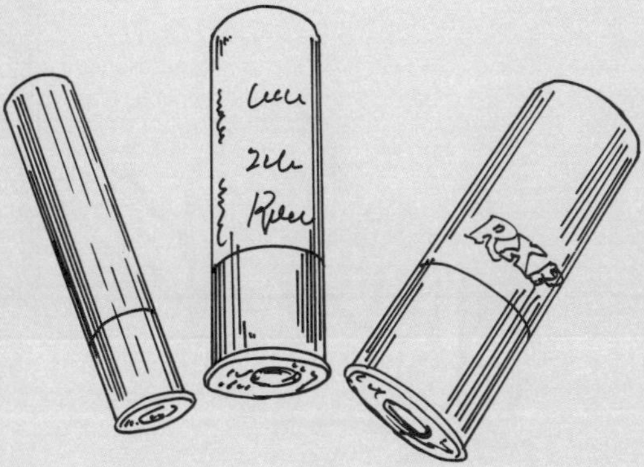

代表的な弾の口径は3種類

散弾銃の口径（直径）は数多くあるが、一般的に狩猟で使われる口径は3種類。右から「12番」「20番」「410番」だ。12番がスタンダードだが、より反動が小さい20番や410番を選ぶハンターもいる。また、弾に詰められる散弾のサイズが小さいほど、ターゲットとなる獲物も小型になる。

スラッグ弾とサボット弾

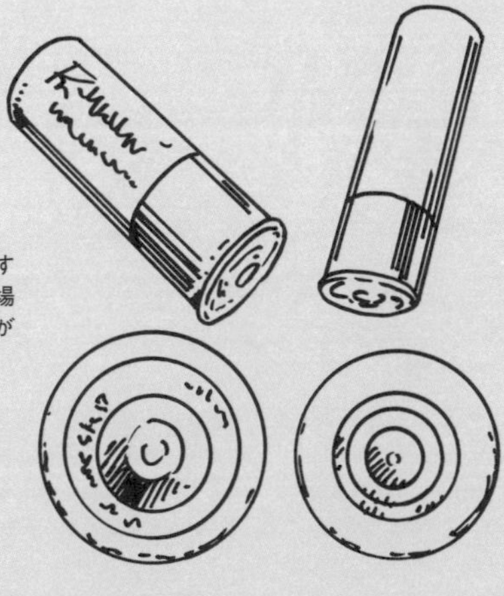

大型獣を狙うならスラッグ弾

散弾銃は基本的に細かい散弾を発射するものだが、1発の大きな弾丸を撃つ場合に使われるのがスラッグ弾だ。威力が大きいため、大型獣を狩るときに使う。

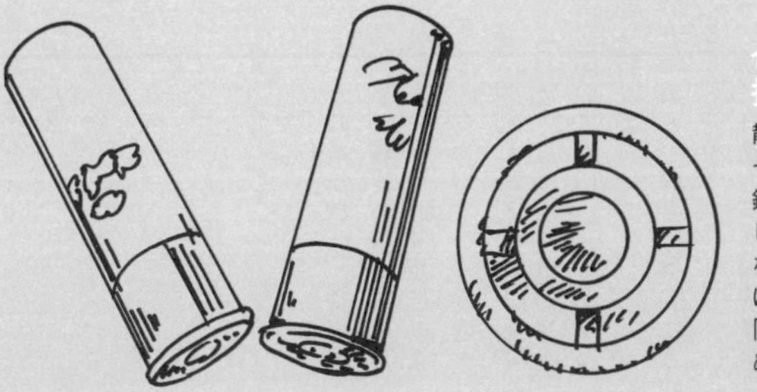

命中精度が抜群のサボット弾

散弾銃の銃身にはライフリング（らせん状の刻み）がないが、例外的に銃身の半分だけライフリングを施した「ハーフライフル」もある。そんな散弾銃で使うのが、ライフリングによって回転するサボットつきの「サボット弾」だ。弾道が安定するため命中精度が高いのが強みだ。

リアルハンティング

01

単独しのび猟

ひとりでもシカを仕留めることはできる。体力と技術で獲物と対峙する「単独しのび猟」だ。

シカを探す

静かに歩く

歩けば音が出てしまうが、じっと待っているのももどかしいので、忍び足で静かに歩く。

地図はこまめに確認

必要ならば、ケモノ道などの情報も書き込んでおくと、獲物の動きが見えてくる。

双眼鏡は必要

双眼鏡によって獲物を見つけることはあまり無いが、状況確認のためにはやはり必須だ。

待ち伏せをする

実績のある場所やシカの気配が濃厚なら、待ち伏せをする手もある。

しのび足でシカを追う

シカの単独猟は、獲物の数が多い場所を探すところから始まる。山歩きが趣味なら、シカのフンや足跡が多い場所に心当たりがあるだろう。登山が趣味の知人に聞いてもいいが、山歩きは狩りの技術向上にもつながるから、猟期以外もできるだけ歩きたい。

都道府県の自然保護課がシカやイノシシの生息マップを作っている場合もある。あるいはネットで調べてもいい。

場所にアタリをつけたら、実際に出かけてみる。シカの痕跡を見つけたり、散弾銃の空薬莢が転がっていたりしたら、その場所は匂う。ただし薬莢は大型獣を狙ったものかどうか、サイズをよく確認したい。また、空薬莢はゴ

発見し、仕留める

身を隠してシカに近づく

できる限り、遮蔽物に身を隠して近づく。土手や砂防ダムを利用しよう。

銃を安定させて射撃

撃つ際には、できるだけ銃を木の枝などで支え、安定させる。支えるものがない場合は膝と尻を地面に着いたほうが安定する。

心臓が動いているうちに血抜きをする

撃ったシカが倒れたら、できるだけ素早く血抜きをする。顎の頸動脈か胸の大動脈を切るが、心臓が動いているうちでなければ効果は薄れる。

ミなので、持ち帰ろう。

しのび猟の中心課題は、獲物に気付かれず、距離を詰めることだ。新しい足跡やフンを見つけたら、シカが近い可能性が高いので、周囲を観察しながら静かに歩く。あまり見通しが悪い場所は観察に向かないので、林道や草原、笹藪がいい。

こちらに気付いていないシカを見つけられれば最高だが、難しい。はじめのうちは、シカが逃げ始めてはじめて気づく場合がほとんどだが、勝負はそこからだ。ぴょんぴょん跳ぶシカを撃つのは難しいが、立ち止まったり、速度を落としたりしたタイミングを狙って撃つ。弾はスラッグか、高価でよければサボット弾もいい。狙うのは、頭か胸のバイタルゾーンだ。

撃ったシカは、できるだけ早く血抜きをする。半矢（手負い）で逃げられた場合は、追わなければいけない。時間がかかっても、血痕を追っていけばいずれ見つかるだろう。

リアルハンティング｜02

ヌートリアのエアライフル猟

山で大型獣を狙うのだけが狩猟ではない。身近な場所で、手軽な狩猟を楽しむこともできる。

身近な獲物、ヌートリア

西日本で増えるヌートリア

頭胴長40～60cm、体重5～9kgの大型のげっ歯類。南米原産だが、関西の水辺を中心に増えている。泳ぎが得意で、水辺に生息している。中華料理では食材にもなる。

撃ってよし食べてよし

南米原産のげっ歯類であるヌートリアが日本でも増え、問題になっていることをご存じの方も多いだろう。関西を中心に増えているヌートリアは、特定外来生物にも指定されている。

このヌートリアだが、実は狩猟の対象として非常に優れている。都市近郊の河川にも生息し、数も多いため大型獣と異なり発見しやすい。頭胴長40～60㎝程度なので、手軽なエアライフルで撃つこともできる。さらには肉も美味い。

ヌートリアは、関西の河川の中流～下流域に多く生息している。猟期にあたる冬はあまり活発に活動しないが、川の中州で日向ぼっこをしていることも多いので、

ヌートリアを狩る

❶

接近がヌートリア猟の醍醐味

まずは静かに歩き、近づくにつれ姿勢を低くする。最終的には匍匐前進だ。

❷

泳ぎ出したヌートリアを撃つ

ヌートリア猟では泳ぐ個体を撃つことも多い。弾が水に入ると威力が落ちるので、水面に出ている頭などを狙う。

❸

尻尾を持って回収

撃たれたヌートリアは時間が経つと復活することがあるが、尻尾を持っていれば噛まれることはない。とはいえ、半矢（まだ生きている状態）は危険なので、早めに止め刺し（とどめをさす）をしよう。

そんな個体を狙う。もちろん岸にも生息している。

　ヌートリアは、遠くからは丸い物体に見える。オレンジ色の前歯で存在に気付くこともある。双眼鏡は必須だ。

　じっとしているところを狙える場合は、20m以内に近づきたい。こちらに気付き、泳いで逃げる個体を狙うこともある。ただし、巣穴に入ってしまったら、出てくることはまれだ。

　スコープを覗き、顔が見えるなら目と耳の間を撃つ。丸まっていたら、肺を狙おう。ヌートリアは頑丈で、数発当たっても逃げることがあるが、肺に当たると動きが鈍る場合が多い。水に入って尻尾をつかみ、回収しよう。立ちこみ用のウェーダーも必須だ。

COLUMN

素手猟の勧め

P134～135で紹介したヌートリア猟だが、猟具を使わずに素手で獲ることもできる。

昼寝をしていたり、何かを食べたりしているヌートリアに、姿を隠してそっと近づく。ヌートリアがいつも視界に入るとは限らないので、無線でヌートリアの状況を知らせてくれる仲間が1人いると心強い。もちろん、水中を歩くウェーダーは必要だ。

ある程度近づくとヌートリアはこちらの存在に気付いて逃げ出すが、川の流れに逆らって泳ぐように追い込めるとヌートリアの動きが遅くなるため、手で捕獲しやすい。鋭い歯に噛まれないよう注意しながら尻尾を掴んで持ち上げ、ナイフや棒でとどめを刺す。銃やわなを使わない、究極の猟である。

ヌートリアに気付かれずにいかに近づくかが、素手猟の醍醐味だ

※ヌートリアは特定外来生物に指定されているため、生きたまま現場から持ち運ぶことは禁じられている

EX.

非常時のサバイバル

火熾し

火熾しのスキルを持っているかどうかで、いざという時のサバイバル能力は格段に変わる。定番と呼ばれる技法を素材別に紹介しよう。

メタルマッチ

保存性に優れた火熾しの定番道具。マグネシウムを主成分とした棒状のマッチ。ナイフの背でメタルマッチを急速に削り取ると、摩擦熱からマグネシウムが燃焼し、激しい火花を散らせることができる。

マッチ

雨風に対応したタイプや側薬不要で靴の裏や壁などどこでも擦れば着火するタイプなど、多種多様なラインナップがある。場合により、火口を飛び越えて焚き付けに直接着火させることもできる。持ち運ぶ際は、防水容器に入れておくこと。

バッテリー

バッテリーの種類にもよるが、12Vの高電圧タイプならワイヤーを両極に接続し、火口付近でショートさせると着火できる。9Vの乾電池ならスチールウールに着火。1.5Vの乾電池を用いた着火法は左ページで解説する。

凸レンズ

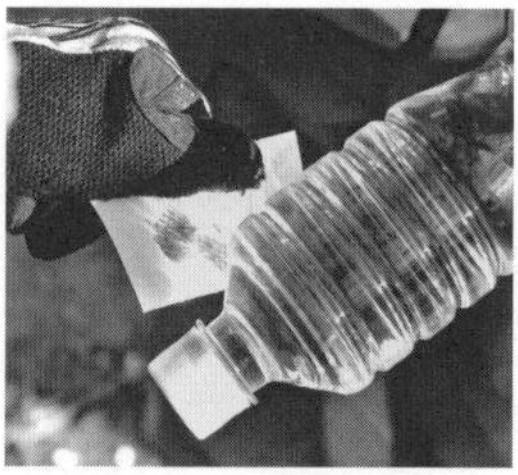

虫眼鏡のような凸レンズを光が通過することによって、光が1点に集束し着火できる。凸レンズは双眼鏡やカメラから取ったレンズ、コンパスの拡大鏡、水を入れたペットボトルやコンドームでもOK。凸面を使い、火口に太陽光線を焦点させる。

ハンドドリル

板（ファイアーボード）に丸いくぼみを掘り、その上に木の棒（スピンドリル）を押し付けて回転させることで生じる摩擦熱を利用した火熾し法。スピンドリルは、しっかり乾燥したまっすぐな杉などの枝がおすすめ。

カーボンスチール

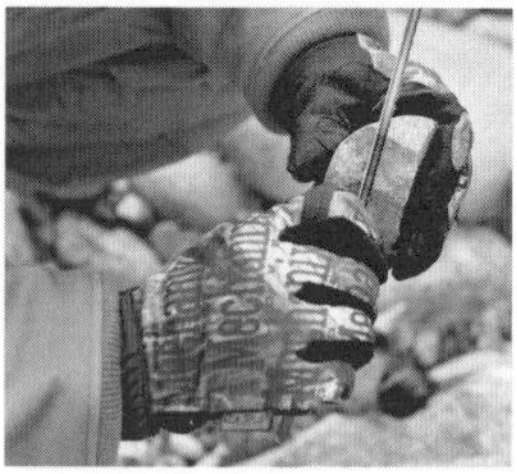

ナイフや金鋸の素材として使われるカーボンスチールで河原に落ちているチャートなど、硬くて端が鋭利な石片を打つと、摩擦熱から炭素が燃焼して大きい火花が散る。手首を柔らかくして素早く打つのがコツ。徹底的に練習を。

ひとくちメモ

都市災害において火熾しが必要になるケースは、広域にわたって都市機能を失うほどの大災害時しか考えられない。そんな時、燃料はどこで入手すればいいのか。近くの河原や空き地などで木や枝を拾うのも手だが、木が湿気ているとなかなか火が付かないのが難点。その際、おすすめなのが新聞紙。そのままの状態ではすぐに燃えつきてしまうが、新聞紙を濡らして固く絞って固め、完全に乾かすと「紙薪」として使えるようになる。

乾電池1.5Vによる着火法

どの家にでもある乾電池を使った着火方法なら、特別な準備をしなくてもOK。
方法さえ知っておけばいざという時にきっと役立つだろう。

01 ガムの包み紙を用いた大定番スキル

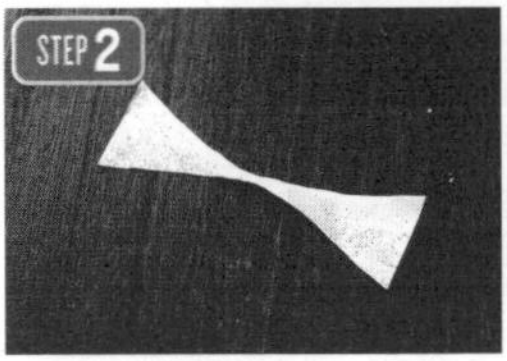

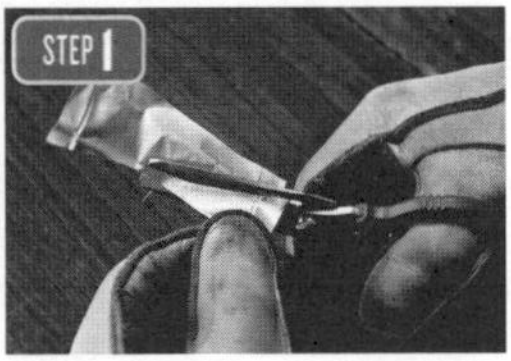

着火方法

ガムの包装紙を開き、砂時計状の形に切り出す。これを折り曲げるようにして両端に乾電池の＋－極をあてがい、通電させれば細くなった中心部が発火する。中心部が太いと熱が出ず、細すぎると焼き切れてしまうので注意。

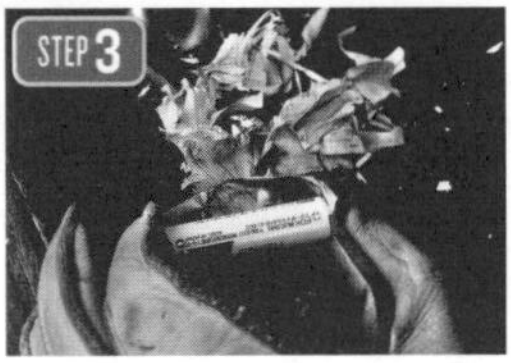

必要なのは乾電池とガムの包み紙だけ。アルミ箔を用いたガムなどの包装紙に電気を流すと、意図的に作り出した抵抗部で発熱。アルミ箔の内側に貼り合わされた紙部が発火して良き火種となってくれる。

02 ペンのバネを用いた変則スキル

着火方法

STEP 3

STEP 2

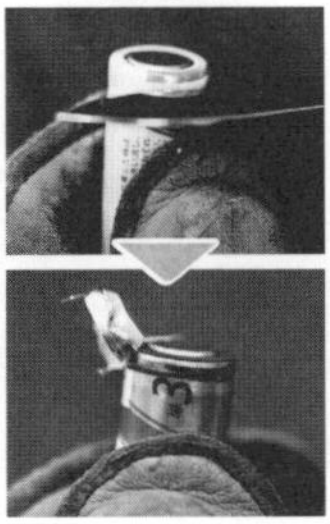

STEP 1

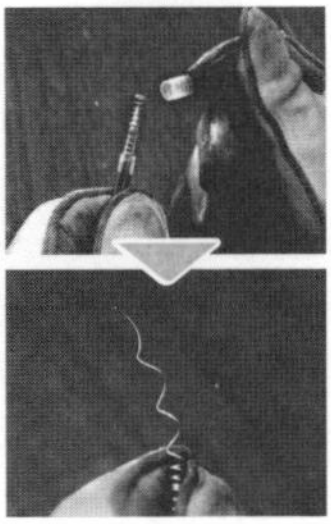

ノック式ボールペンの先端キャップを取り外して、内部のバネを取り出す。コイル状のままでは通電させにくいので、適当に引き伸ばしておくと良い。ちなみに、この手法は１回通電させるとその部分が脆くなって折れてしまうため、バネ末端から大切に使いたい。

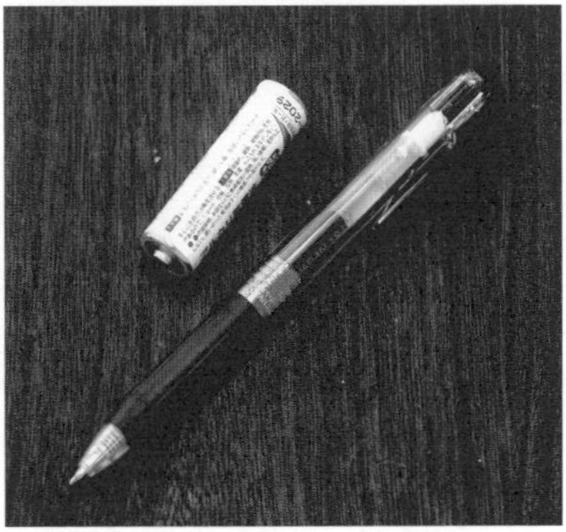

こちらはガムの包装紙の代わりに、ノック式のボールペンのバネを用いた着火法。ポイントは導線の太さ。クリップなどに使われるハリガネでは電気を簡単に通してしまうため発熱しにくいが、ボールペンのバネならちょうど良い。

飲料水の確保

**災害に備え、ペットボトルの水を備蓄している人も多いだろう。
でもそれが尽きてしまったら？　自分で浄水する知恵を持っておけば安心だ。**

STEP 1 集める

防災のためにお風呂に水を溜めておく方法はいまや定番。浴槽のタイプにもよるが、容量は約200L。2Lペットボトル100本を常備しておくことを考えると、大変手軽かつ便利だ。ただし、普段の生活では1日にトイレ8L、歯磨き6L、洗濯100L、炊事60Lの水を使っていることを考えると、少量ずつ使ったとしても200Lはすぐに底を尽きてしまう。そういう場合に備えて、雨水を溜める容器を準備したり、近くの川や水場を把握しておくと安心だ。

STEP 2 浄化・ろ過する

泥水や濁り水しか手に入らなかった場合、飲料水として使用したいのなら、ろ過が必要になる。左ページにて2つの方法を紹介するが、砂や石が手に入る環境なら、ペットボトルや袋を使って浄水器を自作する方法もある。ペットボトルの口に近い層から、小石、小砂利、砂、消し炭、細かい砂、布などの繊維を重ねて水を注ぎ込むと、泥水が透明な水となってぽたぽたと落ちてくる。心配なら、繰り返しろ過することでよりクリアな水になる。

STEP 3 煮沸消毒する

ろ過した水は病原菌までは取り除けていないので、必ず煮沸殺菌まで行うこと。約10分ほど煮沸すれば、安心だ。風呂に溜めておいた水の場合（残り湯ではなく、新たに溜めた水の場合）、中身はもちろん浄化された水道水。ろ過の工程を省いて、煮沸消毒だけすれば、十分飲用として使える（風呂釜についた雑菌を殺菌するために煮沸消毒は必要）。

人は水なしには生きられない。例えば、遭難したとき、タイムリミットは約2週間と言われている。この間、飲める水を確保しなければ、人間は確実に死に至る。一方で、飲み水さえ確保できれば、乾きを潤すだけでなく、食べられる食料の幅も広がり、生存率はグッとアップするだろう。

蛇口をひねればいつでも水が出る。そんな日常生活ではありがたみを実感しづらいが、被災時や断水時には水を確保することがどんなに大変かと思い知らされる。生活用水とは飲料だけでなく、トイレや洗濯、掃除など多岐にわたる。そのため、できるだけたくさん確保できると安心だ。お風呂に水を溜めておくのは定番手段だが、その他にも雨水を集める容器の準備、近くの水場の位置確認をしておくと安心だろう。水を確保できたら、浄化・煮沸すれば、飲用になる。泥水でもしっかり手順を踏めば飲めるようになるのだ。平時の間に練習し、非常時に備えておきたい。

浄水の方法

都市生活では、砂利や小石など自然素材を使った浄化・ろ過装置を即席に作ることは難しい。身の回りのもので手軽にできる浄水方法を紹介しよう。

01 ミョウバンを使う

水の浄化は煮沸とろ過の併用が原則だが、どうしてもろ過できない場合には、ミョウバンやヨードといった薬品を使う方法もある。ミョウバンは凝集剤と呼ばれ、水中に懸濁している粒子の表面電荷を中和して粒子を凝集させる作用を持つ。コップ1杯の水に対し、ミョウバンならひとつかみ、ヨードなら1滴を水に加えて放置すれば、30分ほどで不純物が沈殿。その後煮沸殺菌すればOK。特に泥水に効果的だ。

微粒子状になった泥水。

粗い結晶状のミョウバンを使用。粉末状のものがあれば、水にも溶けやすく便利だ。

ミョウバンの漂白効果で白く濁ってはいるが、土などの不純物が沈殿している。

— Check! —

便利な携帯浄水器も。

水から不純物を取り除き、飲める状態に浄水する携帯浄水器。アウトドアシーンで重用される携帯浄水器は、防災アイテムとしても優秀。非常持ち出し袋に入れておくと安心だ。

02 ガーゼや布を使ってろ過する

細い繊維がより合わされた糸を使い、織り上げられた布は優秀なろ材だ。コップに入った汚水に布を浸して片側をコップの外に垂らし、布を通った水をコップなどで受け止めるようにする。いわゆる布の毛細管現象によって、浄化された水がコップに溜まっていく。天然繊維の綿や麻、絹などの方が合成繊維よりも顕著な毛細管現象を得られるはず。もちろんろ過後の煮沸殺菌はお忘れなく。

イラスト：岡本倫幸

河川敷でのサバイバル術

街でのサバイバルでなにかと都合がいい河川敷（もちろん洪水のような災害時は別）。寝床確保も食料調達もしやすい、都会のオアシスだ。

現代の日本で完全なサバイバル環境にさらされる有事があったとしたら、最長でも1週間程度が現実的だろう。警察消防組織が整っている日本なら、多くの場合はそれ以前に救助が入り、必要最低限の衣食住が与えられるはずだ。そうすると、インフラなしで実質2泊3日ほど耐えられれば生存できるはず。そうした短期サバイバルに最適な環境が河川敷だ。河川敷はまさに都会のオアシス。天然の木枝や葉っぱがふんだんに自生しているため、雨風日光を防ぐための天然シェルターの材料も簡単に揃う。木陰や倒木など自然の環境や造形を活かしながら寝床を作れば、作業時間だって大幅に短縮可能。また、あらゆる動植物が集中しているため食料採集にも適している。さらにゴミや落とし物など、サバイバル生活で活かせそうな拾い物にも期待できる。未曾有の事態によって身ひとつでサバイバル環境を余儀なくされた場合でも、河川敷でなら生き長らえる可能性が高いのだ。

寝床を確保する

1 場所を探す

サバイバル時の早急な寝床づくりは一から作るのではなく、まず周辺環境をよく見て天然のシェルターを探すのが吉。例えば、倒れた柳の下など、覆い被さった葉を屋根に見立てることで簡単にシェルターが作れるケースも。

2 日除けを作る

場所が決まり、屋根の骨格のたてつけが完了したら、周辺の雑草を刈って藁葺き屋根を作る。雨が降っていなければ隙間を埋める程度で十分に日差しが防げるし、雨が降っていれば二～三重に重ねて雨の侵入を防ぐ。

3 快適性を確保する

実際に生活する上での居住スペースを考えて、環境を微調整していく。実際に寝転んだりしながら、居住空間に差し込む木漏れ日を確認。それを遮断していくように屋根に藁を足していく。下草を刈る、倒木を切るなどの微調整も。

4 熱源を確保する

野外は夏でも肌寒いことがあるため、寝床の隣には熱源があると良い。ただし、調理は河原で行う方が効率がいいので、寝床の隣はあくまで暖房専用。周囲の延焼防止のため、河原の石で囲むようにし、調理の際にできた熾火を置く。

5 拾い物を活かす

河川敷には人工物の落とし物（廃棄物）も多い。野営の際に有用なブルーシート、加工次第で網にもなる土嚢袋などはぜひ活かしたい。また、ダンボールはスリーピングマットとして使用。地面からの冷えを防いでくれる。

6 完成

拾ったブルーシートを補助天幕として、木枝に固定すればひとまず寝床が完成。あとは環境の変化に応じてカスタムしよう。完成までの所要時間は約2時間。しかし、雨天での作業になるとこの倍以上の時間を要することになる。

食料を確保する

**人間社会に追いやられる形で自然環境が囲われている河川敷。
動植物が集中して生息するこの環境は、まさに野生食材の宝庫だ。**

スッポン

精力剤や滋養強壮のイメージが強い高級食材。日本を含むアジア一帯に分布。琉球列島や大隅諸島には元々生息していなかったが、1950年代に日本列島、台湾から食肉目的で移入された。河川の中、下流域や池、湖沼などに生息。ほぼ完全な水生で産卵時以外は水辺から離れない。捕獲方法は、手、網、釣り。味は、爬虫類の代表格といっていい高級地鶏系。肉質は火を通す時間により歯応えのある状態からほくほくの状態まで変化。甲羅が背中とお腹で繋がっていないため解体しやすい。

ミドリガメ

正式名称はミシシッピアカミミガメ。水質汚染にも強く、ペットだった個体が都市部の河川沼で繁殖し、天気のいい日には甲羅干している。餌づけされている池などでは、小石を投げたら寄ってくるので捕獲も簡単。味は高級地鶏のようでとても美味。捕獲したら泥抜きをしてから調理。解体の際は、噛む力が強いためまず首を落とす。甲羅と肉を切り離して解体したら、サッと湯がいて雑味を取る。水から煮込んでアクを取り、日本酒と塩で味をととのえたら高級鍋料理に。

ドジョウ

ほぼ日本全国に分布。おもに水田、水路、湿地、池沼、河川下流域に生息しているが、近年の水域環境の変化により生息地が減少している。河川では、水際や河川敷のたまり、泥のある場所にいることが多い。冬は泥底に潜って冬眠する習性を持つため、田んぼの水路近くの土手を掘り起こすと湿った場所からドジョウが出てくることも。皮膚呼吸ができるため、乾燥しなければ土の中で生きられる。食用には、泥抜き必須。どぜう鍋が有名だが、素揚げや串焼きも美味。

アメリカザリガニ

ウシガエルのエサとして来日し、もはや日本中にはびこった外来種。汚い水でも生息するが、泥抜きすればおいしく食べられる。大きな容器に水と一緒に入れて、できれば２～３日放っておく。素手でも、網でも、釣りでも獲れるが、大物を効率よく狙うなら釣りがオススメ。焼き、茹で、炒めとなんでも食べられるが、シンプルな網焼きなら鍋のない野外でもお手軽。一番おいしいのは、ボイル。アメリカではほとんど塩茹でで食べられているという。味は、ほぼロブスター。

バッタ類

熱帯～温帯の草原や砂漠に広く分布する昆虫であり、日本でもお馴染みの存在。近づけば飛んで逃げる＝自ら姿を現してくれるから見つけやすい。イナゴの佃煮などもともと食用として根付いているだけあり、味も折り紙つき。エビやカニと同じくキチン質からできた外皮は香ばしく(甲殻類アレルギーを持っているなら注意)、草を好んで食べていることからクセもない。手軽に食べたいなら素揚げか天ぷらがおすすめ。サクサクとした食感と旨みを楽しめる。

カエル類

主に食用にされるのはウシガエルだが、トノサマガエル、トウキョウダルマガエルなどの中型のカエルも食べることができる。捕獲にあたっては釣りが一般的だが、慣れればタモ網や素手でも採取可能。カエル類はどの種も味が良く、下処理も簡単。頭の後ろに切れ目を入れて、そのまま頭を持って胴の方に引っ張ると靴下を脱ぐように皮を剥ぐことができる。塩焼きやスープ、ウシガエルなら唐揚げもおすすめ。白身魚×鶏肉的な食感で臭みがなくジューシーな味わいだ。

※2023年よりアメリカザリガニやアカミミガメが条件付特定外来生物に指定され、規制が強化された（「個人の販売目的でない飼育は可能」等の例外あり）。特定外来生物は生きたままの運搬が禁止されているので注意しよう。

COLUMN

ナイフの携行について知る

小さなツールナイフの所持でも場合によっては法律にひっかかることがある。日本においては正当な理由なく、無闇に武装してはならないのである。

外出中、万が一の時に備えて武器を所有したいと考えたことのある読者は、ひょっとすると多いかもしれない。でも注意されたし。銃砲刀剣類所持等取締法によれば、本来、武器として製作され、殺傷能力も高い刀剣類は、教育委員会等の登録を受けたもの等を除き、所持が禁じられている。包丁やナイフ、はさみなどの刃物は日常生活や仕事の道具として考えられるが、相応の理由なく刃物を持ち歩くといった行為は人の生命を侵害する誘発のおそれが高いため、禁止されているのだ。また、軽犯罪法では「使用方法によっては人を殺傷することができる器具」を隠し持つことが禁じられているため、厳密にはカッターナイフを隠し持つのもアウト。場合によっては小さなツールナイフや、棒切れなどの所持を咎められても法律上は文句が言えない。明らかに所持を正当化できる場合以外は、武器となりうる物の携帯には気をつけよう。

KNOWLEDGE

催涙スプレーの所持は違法か?

平成２０年の判例では催涙スプレーを携帯したサイクリストが軽犯罪法違反に該当するかが問われた。結果として、深夜のサイクリングに防御用として催涙スプレーを所持するのはＯＫとの判決が。ただし、催涙スプレーの所持がいつでも認められるということにはならない。

巻末資料

自然界に存在する食材から
危険生物までを網羅

実用生物図鑑

身近な優良食材図鑑　野草

ウバユリ

ユリ科の多年草で、7～8月に花を咲かせる。食用になるのは、若葉や鱗茎（地下根）。若葉は非常にアクが強いので、茹でた後はしっかりと水にさらすこと。鱗茎は秋に採取する。煮物や和え物にするのがおすすめだ。

アマチャヅル

ヤブガラシに似た、ウリ科のつる植物。葉は5～7枚に分かれ、表面に産毛が生えている。高麗人参と同様のサポニンを多く含み、ストレス解消や疲労回復などの効果が期待できる。葉を乾燥させ、健康茶としても◎。

オオバコ

そこら中に生えているザ・雑草。食用には春先の若葉がおすすめ。苦みもアクもなく、さっぱりとした味が特徴で、天ぷら、油炒め、和えもの、サラダなどがおすすめ。シンプルに天ぷらやおひたしも◎。

アマドコロ

山野の日当たりの良い林や草地に自生する多年草。春先に出る若芽や地下茎が食用可能。根はほんのり甘みのある優しい味。ちなみに、毒のあるチゴユリと見た目が似ているのでしっかり見極めて採取すること。花を見れば一目で判断できる。

オニユリ

ハートの形をした葉が特徴。鱗茎（球根）は大型になると百合根として食べることができる。地下茎が大きくなるのは秋口なので春先には採らないほうが良い。写真はまだ花が咲く前の状態で茎も細いので食べることはできない。

イヌビユ

石川県の能登地方では、能登山菜のひとつとして知られる、畑や荒れ地の雑草。高さ40cmくらいまで伸び、葉と茎が食べられる。くせがなく天ぷらや炒め物に使えるが、硝酸カリウムを含んでいるので食べ過ぎは禁物。

カタバミ

クローバーに似た3つ葉と黄色い花が特徴。葉にはシュウ酸が多く含まれていて酸っぱい。花も一緒に刻んでサラダにするのがおすすめ。湯がいて水にさらし、天ぷらやかき揚げにして食べても美味。

ウコギ科の一種

春から初夏にかけて新芽を出す。おひたしや天ぷらにして食べるのもおすすめだ。ほんのり苦味がある大人の味。古くから食用を兼ねた生け垣として育てている地方があり、新芽を使ったウコギ飯という料理は定番となっている。

里山や近所の街中にも目を凝らせば実はそこかしこに食材がある。
いざという時のために、食べて美味しい野生食材の知識を身につけたい。

ショカツサイ

別名オオアラセイトウ。中国では食用として栽培され、種から菜種油が取れる。日本では野生で群生していることが多い。紫色の花が美しく見ごたえ抜群だ。若葉や花芽が食用可能。アクが少ないのでそのままで食べられる。

カラスノエンドウ

春に小さな豆をつけるソラマメ属の植物。柔らかい若芽は、炒め物や揚げ物に最適。豆も同様に柔らかいうちに収穫し、天ぷらでいただくのがおすすめ。古代のオリエント地方では食用として栽培されていた。

シロツメグサ

日当たりの良い草地に群生する多年草。もともとは家畜の飼料として利用されていたが、食用として三つ葉の代わりに使われていたこともある。若葉や茎、花が食用になる。アクもクセもなく食べやすい。

ギシギシ

どこの土手でも見つかるギシギシ。株が大きく、葉も大きいので目立つ。大きな葉は苦みが強く食用には向かないが、新芽は柔らかく食べやすい。根は薬用として使われている。暖かい場所なら一年中楽しめる。

スイバ

ヨーロッパでは古くから、スープやサラダ、肉料理の副菜などに利用されていた。また古代エジプトでは薬草、古代ローマやギリシャでは、利尿作用の薬草として利用された。酸味があるので、サラダや和え物におすすめだ。

クレソン

元々はヨーロッパ原産の植物だが繁殖力が高く、株が丈夫なために様々な河川敷や水辺に帰化している。セリと似たような環境に群生していることが多く、通年採取可能。ピリっとした辛みと爽やかな香りで美味。

セイヨウタンポポ

在来種のカントウタンポポとの見分けが難しいが、花が咲くとわかりやすく、ガクが反り返っているものがセイヨウタンポポになる。生でも加熱しても食べられるが、オリーブオイル和えやサラダがおすすめ。

コマツヨイグサ

もともと北アメリカ原産の外来種。若葉はサラダや天ぷらなどに◎。黄色い花は、蜜を蓄えているため、ほのかに甘く、そのままでも味わえるほど、食べやすい。また、若い根茎は、コショウのような独特の風味がある。

ナズナ

春の七草の1つ。ペンペン草とも言われる。田畑や道端などで見られる越年草だ。非常に強い植物でどんな荒地にも生える。冬～早春の花茎が伸びる前のロゼット状の若苗が食用となり、クセがなく食べやすい。

ナノハナ

春に鮮やかな黄色い花を咲かせる一年草。ナノハナはアブラナ科アブラナ属の花の総称。野生化しているナノハナのほとんどが、カラシナかアブラナだ。花が咲く前の柔らかい茎やつぼみ、葉が食用となる。

ノゲシ

道端でよく見かけるキク科の植物。一年中収穫でき、秋の新芽、冬のロゼット葉、春から夏にかけての若葉やツボミが美味い。熱湯に塩をひとつまみ入れ茹で、冷水に浸してアクを抜くのが美味しく食べるコツ。炒め物が◎。

ノビル

土手や畑、田んぼのあぜ道などで見られる身近な山菜。ネギ科の多年草で、球根部を食べるのが一般的。葉の部分はネギの代用として薬味として使ったり、さっと湯がいて刻み、だし醤油をかけても美味。

タネツケバナ

一年中採取可能なごくごく身近な野草。乾燥地や高地など環境を問わず生育できるので、標高1000mで見られることも。生で食べるとピリッとした辛みがあるが苦みは少なく、ルッコラやクレソンに近い味。

ツユクサ

湿り気の多い場所や半日陰の場所に生えていることが多い。大きく成長しても地上部の葉や茎が柔らかくてみずみずしいため、初夏から夏の間にも利用できる。乾燥させたものは下痢止めや解熱作用も。

ツリガネニンジン

8月から9月にかけて釣鐘型で薄紫色の花を咲かせる。地下茎が朝鮮人参のように太くなり、食べることができる。茹でて和え物や煮物にするのがポピュラーな食べ方。若芽は「トトキ」と呼ばれ、クセがなく人気の山菜だ。

ツルナ

北海道西南部・本州以南の海岸に生える多肉質の植物。栄養価が高く災害時以外にも食べたい健康食材。シュウ酸を含み生で食べるとややえぐみを感じる。さっと茹でておひたしかサラダがおすすめ。

フキ

茎の部分を食べる。野生のフキはアクが強いため、アク抜きが必要だ。春先はフキノトウを出すことを優先するため、葉が弱々しくなる。夏の方がみずみずしくて美味しくなるので、夏に採取するのがおすすめ。

ハコベ

ハコベは一般的にミドリハコベとコハコベの総称。春の七草の1つで、アクが少なく、食べやすい。かつては鳥の餌として栽培されていた。近縁種にウシハコベがあり、その名の通り葉が大きく食用として栽培されていた。

ヤブカラシ

その名の通り、あっという間に藪を枯らしてしまう圧倒的な繁殖力を持つ。つる性の多年草。生の葉は渋くて辛いので天ぷらにするのがベター。若い葉は、塩で味わえるほどクセがなく、サクサクと独特の風味が楽しめる。

ハリギリ

3月末〜5月頃が旬。葉が開く前の新芽を食べる。アクが強いので、天ぷらにするのがおすすめだ。20mほどの高さになる高木樹で、若木のうちは棘が沢山ついているので見つけやすい。桶の栓を作っていたのでセンノキとも呼ばれる。

ヤブカンゾウ

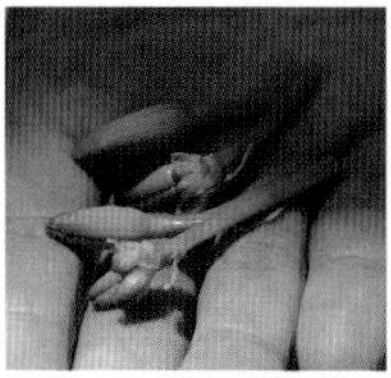

原野や河川敷に自生している野草。早春には出たばかりの新芽を食べられるが、初夏ごろの蕾や花はまた格別に美味しい。花蕾を蒸して日干しにしたものは、金針菜と呼ばれ、高級中華食材として売られている。

ハルジオン

白や薄ピンクの花を咲かせる。貧乏草ともいわれるが、美味しい野草。非常に香りが良く、歯切れも良い。つぼみを天ぷらにすると美味。花をサラダに散らすと見た目にも華やか。よく似たヒメジョオンも食用可。

ユキノシタ

日当たりが悪く湿ったところに生え、一年中採れる。新芽を食べるが、少しごわごわしているので天ぷらにすると良い。葉をあぶって柔らかくしたものを火傷や擦り傷の患部に貼り付けるなど薬草としても有用。

ヒルガオ

夏に薄いピンク色の花をつける、アサガオのような植物。アクが強いので湯がいてから冷水でしめ、水気を切ってから、ポン酢とかつお節をかけてサッパリといただく。咲き始めの花が食べごろ。サラダの飾り付けにも最適だ。

木の実

カヤ

イチイ科カヤ属の常緑針葉樹。雑木林などの混成林に生え、秋に緑色の実をつける。実ではなく中の種子が食用となる。油分を多く含みナッツのような味。ヤニ臭くアクが強い。アクを抜いて殻を割り、実を取り出し、炒って食べる。

アケビ

原野から山地まで広く自生するアケビ科のつる性落葉低木。秋になると楕円形の実をつけ、紫色に熟すと果皮が縦に割れて乳白色のゼリー状の果肉が露出する。バナナとメロンを合わせたような味で非常に美味しい。

クヌギ・コナラ・カシ類

林や山地に自生するいわゆるドングリの木。秋になると硬い殻に包まれた木の実をつける。アクや渋が強いため、殻を割って中身を取り出した後に、流水に数日ほど晒したり何度か煮こぼしてアク抜きしてから食べる。※写真はカシ

イヌガヤ

イチイ科イヌガヤ属の常緑針葉樹。カヤと同様に実から油が採れ、灯明油として利用されていた。果期は10月頃。熟すと褐紫色になる。カヤと違い種は渋くて食べられないが、熟した周りの実は食べることができる。

クワ

日本全土の山野や河川に広く自生するクワ科の落葉高木。雌雄異株で夏になると雌株は黒い実をつけるが、同株の株もいくつかある。昔は養蚕を行う際のカイコの食草として広く栽培されていたため「桑畑」という地図記号がある。

イヌビワ

日当たりの良い山野や海岸沿いに自生するクワ科の落葉小高木。名前にビワがつくが、イチジクの仲間。雌雄異株で雌株は夏に黒い果実をつける。イチジク同様に花を花序の内側で咲かせる「イチジク状果」という実をつける。

サクラ類

原野から山地まで自生するバラ科の落葉高木。観賞用に植樹も行われ、自生するサクラは数十種類も確認されている。初夏に黒いサクランボをつけることがあり、青臭さや苦味が強いことが多いが、たまに甘い実をつける株がある。

ウグイスカグラ

日当たりの良い山野に自生するスイカズラ科の落葉低木。日本固有種で初夏に1センチ程の小さく赤い果実をつける。味は酸味があまりなく、薄い砂糖水のようなシンプルな甘さ。低地では梅雨前ごろに結実することが多い。

フジ

そら豆のように大きくぶら下がるようになる。サヤを割ると種子が入っており、フライパンで炒って食べると美味。フジ類にはウィスタリンという成分が含まれ食べすぎると下痢になることもあるため注意。

サルナシ

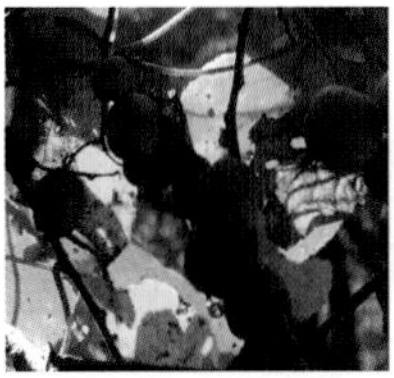

林内や山地に生えるマタタビ科のつる性落葉高木。雌雄異株で秋には雌株に小さなキウイフルーツのような緑色の実をつける。熟しても緑色のままで、皮にしわが出てきたころが食べごろ。アレルギー反応を起こす場合があるので注意。

モミジイチゴ

日当たりの良い山野に自生するバラ科の落葉低木。自生地は東日本だが、西日本にはナカバモミジイチゴという近縁種が自生するため、ほぼ日本全土で見られる。初夏に黄色い果実をつけるので黄イチゴとも呼ばれている。

スダジイ・マテバシイ・ブナ類

アクが強いクヌギ、コナラ、カシ類に比べ、これらのドングリはアクや渋が少なく、軽く炒るだけで美味しく食べることができる。少し甘味の弱い栗に似た味がする。
※写真はマテバシイ

ヤマブドウ

日当たりの良い野山等に自生するブドウ科つる性落葉低木。雌雄異株で雌株は秋になると黒紫色の果実を房状につける。市場に出ているブドウより酸味が強く、種も大きい。ブドウの仲間だからといって果実酒にすると違法になる。

トチノキ

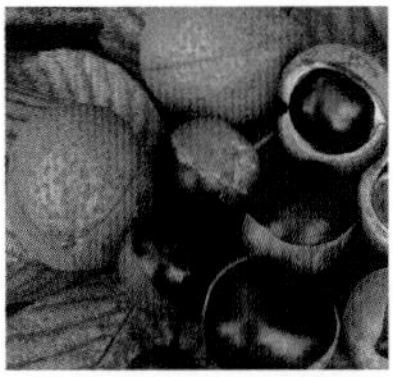

湿り気のある山地に自生するトチノキ科の落葉高木。秋につける実は分厚い果皮に覆われ、丸みを帯びた栗のような種子が入っている。アクが非常に強いため、アク抜きが必要。斎藤隆介著の『モチモチの木』に登場する木が本種。

ヤマボウシ

山地や林内に自生するミズキ科の落葉高木。初秋ごろに雪洞のような赤や橙色の果実をつける。果実の中は黄色く、味はマンゴーやバナナなどに似ており非常においしいが、体質によっては喉が痒くなったりする恐れがあるので注意。

ハナイカダ

半日陰の湿り気のある林内や山野に自生するハナイカダ科の落葉低木。雌雄異株で夏になると雌株には黒い果実をつける。葉の上に花を咲かせるため、果実も葉の上に乗っているようにつける。果実は甘いが、少し青臭さがある。

虫

オオスカシバ

透明の翅をはばたかせ、ホバリングして飛ぶスズメガ科の虫。ウグイス色の胴体に、黒と赤の縞模様があり、尻尾は毛が生えている。主に幼虫やサナギを食し、揚げても、茹でても食べられるが、茹でた方が自然な味が楽しめる。味に特徴はなく、噛むと芋虫特有の甘味が口に広がる。フンは煮だしてお茶に。

アブラゼミ

日本のセミNo.1の美味しさ。幼虫も成虫も食べられる。幼虫を探すには暗くなってから土から出てくるのを捕まえるのがベスト。揚げたり、茹でたりするのが美味しい食べ方。素揚げした幼虫は、ナッツの香ばしい香りがたまらない。成虫は揚げるとサクサクのエビのようだ。

オニヤンマ

国内にいるトンボの中でも最大級のオニヤンマは、成虫、幼虫を食べることができる。平地～山まで広く生息し、多くの小川や渓流に出没する。成虫を最も食べやすく調理するなら素揚げ。サイズが大きく、背中を割ると胸肉がみえるので、食べ応えも◎。

エンマコオロギ

近年、世界的に注目されている昆虫食のなかでも注目食材の1つがコオロギ。日本でも無印良品がコオロギせんべいを販売するなど徐々に認知度も高まっている。エビのように濃い旨みがあり、外皮が柔らかいので揚げても煮ても丸ごと美味しく食べられる。

カタツムリ

フランス郷土料理のエスカルゴは、ご存知カタツムリ料理（正確には、エスカルゴ＝フランス語でカタツムリ。料理名ではない）。採取したカタツムリは、一昼夜以上おいてしっかりフン抜きする。茹でてもいいが、オススメはバターソテー。寄生虫がいるのでしっかりと加熱を。

オオカマキリ

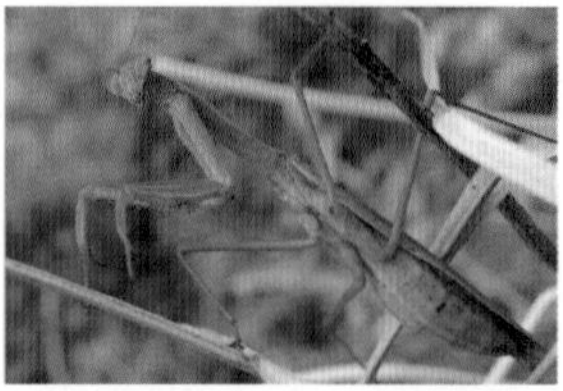

カマキリの中でも大型の種類で、色は緑色や褐色などがある。成虫ではなく、脱皮前の一齢幼虫（赤ちゃん）の状態で食べるのが適している。秋に卵嚢を採取しておき、春にふ化した一齢幼虫を集めてカリッと揚げると美味。卵を茹でたり蒸したりしても食べられる。

※昆虫は甲殻類と同じくキチン質を含んでいるため、甲殻類アレルギーの場合は摂取を控えた方が良い。

クマゼミ

関東より西南の平地や低山地に分布していたが、近年では都内でも見かけるようになった。頭部が横に広く、成虫は60mm以上になる大型のセミ。成虫は外皮が固いので、高温の油でしっかり揚げる。幼虫は樹液が蓄積されている可能性があるので、調理前にお尻の先端をハサミでカットし、樹液を抜いておく。

カナブン

日中はクヌギやコナラなど広葉樹の樹液に集まる。日本人にとって身近な昆虫の1つ。食べ方は素揚げでそのままカリカリと食すのが良いが、外皮が気になる人もいるだろう。その場合は、揚げたうえで外皮を開いて中身だけを食べるというのもアリ。

コクワガタ

採取をしやすいクワガタムシ。食すのに適しているのは、幼虫やサナギ。幼虫は広葉樹の朽木などにいることが多い。油で炒めて塩コショウでシンプルに味わうのがベスト。似た容姿のカブトムシの幼虫は、臭みが強く食材には適していない。

写真：PIXTA

キアゲハ

日本全国で見られるアゲハの仲間。アゲハよりも黄色みが強いのが特徴。食用に向いているのは幼虫。ニンジンやパセリなどセリ科植物の葉を食べているため、アゲハが柑橘系の味がするのに対し、パセリの味を感じることもある。茹でて食べるのが基本。

コバネイナゴ

佃煮や素揚げが美味しい昆虫食材の代表格。稲を好むため水田の害虫として知られる。一時は有機塩素剤の影響で生息数が激減したものの、農薬規制によって再び増加傾向にある。伝統食としては佃煮が有名だが、素揚げも美味しい。小エビのような食感がクセになる。

写真：PIXTA

キリギリス

日本の本州から九州地方に分布。「ギーッチョン」と鳴くお馴染みの夏の虫（鳴くのはオスだけ）。背の高い草むらに潜んでおり、強い警戒心を持っているので捕まえるのが難しい。雑食性だが、イヤな臭みがなく食べやすい。定番の素揚げでもいいが、塩茹でにしても美味しい。

ジョロウグモ

国内でよく見る、一般的な大型クモ。若干毒があるが、人体に影響はない。オスは小さいため、メスを食べるのが一般的。お腹にたっぷり卵が詰まっている晩秋が食べごろだ。茹でるか蒸して塩でシンプルに味わうのがベター。お腹の丸い部分は、枝豆のような濃厚な味が美味。揚げても食べやすい。

ゴマダラカミキリ

雑木林や街中・公園の並木などに見られる。幼虫から成虫まで食べられる優秀食材。カミキリムシの幼虫はテッポウムシなどと呼ばれて伝統的に食べられてきた。幼虫とサナギは甘みとコクが強く、脂も多くクリーミーな味わいが特徴だ。成虫はホイル焼きにして開き、胸肉を食す。

シロコブゾウムシ

4～8月にかけて、本州や四国、九州の草地や森林で見かける。マメ科植物のクズやハギ、フジの葉っぱに集まる。危険を感じると丸く固まり死んだフリをして、そのまま地面に落下する。表面はゴツゴツしていて、背中のお尻側にコブがあり非常に固い。しかし、揚げることで丸ごとカリカリになり、食感を楽しむことができる。

シオカラトンボ

日本の代表的なトンボの一種で、日本全土に分布。平地の湿地やため池のほか、住宅地などでも広く見られる。オスは成長すると胸や背中が白い粉で覆われるが、メスは黄色い体をしている。成虫はパリパリに揚げて丸ごとか、茹でて胸肉を食べる。一年中採れるヤゴは蒸しても美味。

シロスジカミキリ

長いヒゲ、黄色い斑紋やスジ模様が特徴。幼虫は、庭木の枝幹部を食い荒らす害虫として嫌われているが、食すと美味。特に冬場の幼虫は脂肪分をたっぷりと蓄え、まぐろのトロの味とも形容されるほど。成虫も筋肉が多く、胸肉の旨みを存分に味わえる。

ショウリョウバッタ

頭部が尖った特徴的な形のバッタで、茶褐色の個体もいる。比較的乾いている状態の高さの低い草地に生息する。河原や公園などを探すとよい。見つけやすく捕まえやすいので、たくさん採集できるはずだ。シャープな形のため硬そうに見えるが、素揚げすればサクッと丸ごと食べられる。

ヘビトンボ

広葉樹の樹液を主食とし、大きな乳白色の翅をもつ。幼虫は古くから孫太郎虫と呼ばれ、子供の疳の虫に効く民間薬として利用された。かつて、宮城県白石市の斎川では、これを特産品とし炙って酒肴にした。成虫は醤油につけて焼くと味わい深くなる。必須アミノ酸が豊富な栄養食品でもある。 写真：PIXTA

ツチイナゴ

平地または丘陵の乾いた草地や背の高い草むらなどに棲み、イネ科の植物を好んで食べる。成虫のまま越冬するので、春先でも大きいサイズの個体が多く見られる。そのため食べ応えもあり、旨味もしっかりと感じられる。素揚げが最も美味い。

マメコガネ

日本全土に分布し、成虫は夏から秋にかけて発生する日本の固有種。アメリカでは、“ジャパニーズビートル”と呼ばれている。マメ科植物やブドウ類など、さまざまな植物の花や葉を食べるため、害虫としても知られている。成虫をカラッと油で揚げると、外皮ごとカリカリになり食べやすい。

トノサマバッタ

体長35～65mmと大型で、オスよりメスの方が大きい。通常は単独で、荒地や草地に生息する。イネ科植物の葉や茎を食べる。調理法は油で揚げるのがおすすめだ。肉厚で旨味も濃いため、非常に美味。揚げると海老のように色がピンクに変わり、見た目にも美味しそうになる。

ヤブキリ

体はキリギリスより小さめだが、鋭いアゴや足のトゲが発達している。葉や果実、花粉のほか、他の昆虫なども捕らえ、食性はかなり広い。プックリと膨らんだ腹部の食感が◎。ただ若干臭みやクセがあり、外皮が気になるが、揚げてしまえば問題なく食べることが可能。

ナメクジ

湿気のある場所を好み、木の洞穴や樹皮、岩の陰などに生息している。すぐに食すことはできず、数日間絶食させることが必要。よく洗いヌメリを取ってから、茹でて食べるとシコシコした貝類の食感に。広東住血線虫など寄生虫の宿主になっている場合があるので、十分加熱すること。

危険生物図鑑

動物・虫

ヒグマ

道内の山間部で出没する、日本で最も大きな捕食動物がヒグマ。北海道あたりでは木彫りなどのお土産になっているが、決してかわいい動物ではない。子育てをしている時期や餌場のテリトリーに人間が入った場合などに、勇猛に攻撃をしてくる。出会った時の対処方法は個体の性格によって異なるため、決定的なものがないというのが実情。とにかく出遭わないことを祈るか、音などでこちらの存在をアピールするしかない。

出没場所:北海道山間部、林、ササ地
出没時期:春～秋　**危険度:**★★★★★

マムシ

日本全国に生息しており、草地や藪などで遭遇することが多い。名前の音からして凶暴そうだが、実は噛みつくことは少なく、踏まれて反撃……というパターンが多いようだ。それでも年間約3000人がマムシ被害に遭い、5～10人ほど死んでいるから侮れない。咬まれた場合は決して自分で切開したり、毒を吸い出さず、病院などで血清投与を受けたい。

出没場所:全国　**出没時期:**春～秋　**危険度:**★★★★

ツキノワグマ

ヒグマに比べると、臆病で攻撃性が低いと言われている。ただし突発的に出遭ったり、子熊と親熊の間に入ってしまうと攻撃してくる。大きな個体は180cmにもなり、襲われて死亡したケースも少なくない。臭いや音に敏感で、基本的には人に近づいて来ないが、一方で登山道など人の活動範囲をテリトリーにしている熊は人を恐れないとも言われている。音を出して熊を近づけないようにするのがせいぜいの自衛策だ。

出没場所:本州と四国山間部　**出没時期:**通年　**危険度:**★★★★

ヤマカガシ

褐色の地に赤・黒・黄の斑点が交互に並んでおり、いかにもな毒蛇ルック。生息地域によって若干色が異なるようだ。毒性が強くハブの10倍の毒を持っていると言われているが、普段は大人しいので、威嚇しないかぎり噛みつかない。奥歯だけでなく首筋からも毒を分泌し、これが目に入ると失明する恐れがある。現在は血清が用意されていない病院がほとんどなので咬まれないようにするしかないという、ある意味怖い危険生物。

出没場所:全国　**出没時期:**春～秋　**危険度:**★★★

イノシシ

本州と四国、九州に広く生息しているイノシシ。本来は山間部にいるが、昨今では人里で暴れる事例が頻発している。草食が主だが、鹿や鳥などを補食する場合もある。“猪突猛進”という言葉さながら全力でぶつかってきて、丈夫な歯で噛みつく凶暴な動物だ。山間部のイノシシの使う道で遭遇することが多い。出遭ってしまったら、屋内や高い所に逃げるか、トウガラシの入ったクマ撃退スプレーを使うしかない。

出没場所:本州、四国、九州山間部　**出没時期:**春～秋　**危険度:**★★★★★